韩国研究文库

韩国研究文库

洪大容文学与
中国之关联研究

韩卫星/著

社会科学文献出版社
SOCIAL SCIENCES ACADEMIC PRESS (CHINA)

本书获大连外国语大学专著出版基金
（大外科发【2011】4号）资助

前　言

众所周知，今日韩国的现代化程度较高，但韩国的现代化是在尊重、继承和发展传统文化的基础上发展而来的。韩国人的爱国精神与对民族文化的自豪感也是世人皆知的。韩国著名的高等学府成均馆大学以儒家思想为宗旨，以仁义礼智为校训。韩国还通过电影、电视、网络等各种媒体向全社会广泛宣传儒家文化的精神。可以说，韩国是把传统文化有机地融入现代社会和现代生活中，以儒家文化立国育民的成功典范。

那么，儒家文化是怎样输出到韩国，通过何种渠道得到广泛普及，在韩国社会中又起到何种重大作用等，这些是摆在我们面前的核心问题。为此，查找珍贵史料，翻阅陌生的异国历史，从历史人物的生平及作品中汲取点滴素材，绝对是有价值的工作。而作为曾经引领时代风骚，为众多文人墨客所推崇的独树一帜的北学派领军人物——洪大容又是如何看待中国，其在中韩文学乃至文化交流中担当何种角色，该交流对后人产生了何种影响，这一系列问题值得我们深入探讨。

该书以洪大容的《湛轩书》为第一手资料，分析并探讨了中国文化对洪大容思想体系形成的影响，中国诗论与洪大容诗歌理论之关联，洪大容文学中体现的中国形象，洪大容文学与中国文学的双向反馈等诸多问题。该书打破以往对洪大容哲学思想及科学成就的片面关注，借用文化人类学、形象学等文艺理论，突出了洪大容作为18世纪朝鲜朝中后期"北学派"领军人物在文学与文化界的广泛影响。近年来，在国内外，"使华录"的研究方兴未艾。而该书作为其中的学术成果之一，不仅提升了"使华录"的文学价值，还为以跨学科的研究方法分多种文化因子对"使华录"进行系统研究，从而全面展现朝鲜朝使臣眼中的清朝中国形象，开辟了崭新的研究视野。

该书的创新之处在于从朝鲜文人的域外视角审视清朝统治下的中国形象，又从中国人的域内视角审视域外对中国历史文化的认识与解读，所以具有中国→域外、域外→中国的多重视角的重合与内涵。该书对从事韩国文学或中韩文学比较的专家、学者，以及对两国文学具有浓厚兴趣的韩国文学学习者都具有启迪与借鉴作用；另外，也将对从事中国古典文学或明清历史研究的专家、学者和研究生有所助益。

目录

第一章 绪论 ……………………………………………… 1
第一节 洪大容生平与著作 …………………………… 2
第二节 洪大容研究概况 ……………………………… 4
第三节 洪大容文学的研究思路 ……………………… 6

第二章 洪大容的思想体系 …………………………… 9
第一节 哲学观 ………………………………………… 12
第二节 学问观 ………………………………………… 20
第三节 社会观 ………………………………………… 36

第三章 洪大容的诗学理论 …………………………… 51
第一节 本质论 ………………………………………… 54
第二节 批评论 ………………………………………… 62
第三节 创作论 ………………………………………… 68

第四章　洪大容文学的形象内涵 …………………………… 79
第一节　中国形象 ……………………………………… 82
第二节　西方形象 ……………………………………… 109
第三节　隐藏在文学作品中的形象内涵 ……………… 123

第五章　洪大容文学与中国文学的双向反馈 ……………… 133
第一节　入燕活动及交流 ……………………………… 134
第二节　"中间人"的角色 …………………………… 153
第三节　在中韩文学交流中的历史地位 ……………… 163

第六章　结论 ………………………………………………… 169

参考文献 …………………………………………………… 177

第一章　绪论

在朝鲜朝历史上，18 世纪后期是以封建制度日益衰退，近代思想文化意识日益增强为时代特征的。朝鲜朝后期的实学思想不仅是朝鲜朝儒学思想发展的顶峰，也代表了当时朝鲜社会的发展趋向，蕴含着"近代指向"的启蒙意识，是最接近于近代社会的一种思想形态。

自壬辰倭乱、丙子胡乱之后，朝鲜社会陷入一片黑暗之中。当时地主阶级改革派自我反省的中心议题是朝鲜王朝何以衰败，如何拯救当时的社会政治危机。在探讨与回应这一时代挑战时，他们从深刻的历史反思中意识到由虚返实的重要性，认识到只有抛弃性理学末流的"悬空底学"，大力提倡"以实心而行实政，以实功而致实效"的实学精神，才是拯救时弊的唯一途径和方法。"由虚返实"标志着朝鲜朝后期儒学价值观的根本转变。正是在这种"由虚返实"的时代精神召唤下，才逐步形成了地主阶级改革派自我反省、自我批判的社会思潮，为儒学的自我调整切实地开辟了一个新的方向。而在实学思想群体中尤为突出的是高举北学旗帜、向清朝和西方文明积极求学的"北学派",[1] 他

---

[1] 北学派是实学派的一个流派。北学派主张接受清代的先进文化乃至传播到清代社会的西方文化。这是北学派主张的基本内涵，它的本质在于文化意识的开放性。北学派的主要作家有洪大容、朴趾源、李德懋、朴齐家、柳得恭等。金柄珉：《试论朝鲜中世纪北学派的文学观念》，《延边大学学报》（社会科学版）1990 年第 10 期，脚注 1。

们以开放性的文化意识为主导，通过不同题材和形式的文艺创作，展示了当时朝鲜社会黎明前的黑暗和百姓的苦难，预示了近代黎明的到来。[①]

如果说在传统的"正德、利用、厚生"的儒家价值观念中，性理学者关注的中心是"正德"，而非"利用、厚生"，那么以北学派为代表的实学家则将"义理之学"与"经济之学"结合起来，将自身关注的重心移至"利用、厚生"之上，大力提倡"无经济则义理无所措"的经世思想，并提出了一系列社会改革措施。[②] 洪大容正是北学派的领军人物。

第一节　洪大容生平与著作

洪大容是朝鲜朝北学派实学思想的奠基人。字德保，号湛轩，生于英祖七年（1731），卒于正祖七年（1783），享年52岁。他的家族是世代为官的名门望族，属于当权的西人老论派。他早年师从朝鲜朝儒学大师金三渊的孙子金元行，熟读儒家经典。1774年，洪大容遵母亲之意踏入仕途，历任善工监役、敦宁府参奉、翊卫司待值、司宪府监察、泰仁县监、荣川郡守。后因仕途不顺，弃官归里，专心治学，终老于故里。洪大容十分不满当时朱子学者空泛的理论、义理之争，毕生致力于天文、律历、算术、钱谷、甲兵等实用之学，不事科举。1765年（乾隆三十年），洪大容曾随叔父出使清朝，来到当时正值繁荣盛世的中国。

洪大容自幼酷爱自然科学，热心钻研有益于国计民生的政治、经济、军事知识，反对盲从诸子学，认为与其死记性理学教条，不

[①] 金柄珉：《朝鲜中世纪北学派文学研究》，延边大学出版社，1990，序第1页。
[②] 葛荣晋主编《韩国实学思想史》，首都师范大学出版社，2002，第6页。

如钻研音乐、历法、算术、货币、农事、军事等与世有用之学。洪大容早年虽在西人老论派大学者金元行门下求学,但他追求实用之学的治学精神,使他与视诸子学教条为雷池、不敢越一步的老师分道扬镳。

如果说洪大容的实用实学之路与他本人对世界的深邃、广博的认识息息相关,那么他的燕行经历则在他实学思想的确立与成熟过程中起到了举足轻重的作用。1765年,洪大容以子弟军官①的身份陪同作为使臣的叔父来到北京,怀着诸多疑问与好奇,实地考察了当时清朝的政治、经济、文化、民情等社会万象,并接触和了解了西方的自然科学和先进技术。在中国逗留期间,他与进京赶考的钱塘学者严诚、潘庭筠、陆飞②多方交往,通过笔谈,不仅用渊博的知识博得了对方的好感,还与他们结下兄弟般的深厚情谊,以至于在杭州曾流传过"严洪友谊"的佳话。洪大容与"古杭三才"的友谊,甚至延续到半个多世纪后他们的子孙一代。燕行归来后,洪大容更加坚定了改革时弊的开放思想与向国外先进经验学习的信念。当时朝鲜朝自称"小中华",主张"尊明攘夷",而洪大容却正面批判该陈腐虚伪的主张,义无反顾地高举"北学"旗帜,开辟了实学思想的新领域。

洪大容的著作现存有《湛轩书》14卷和《湛轩说丛》6册。其中,代表作有《医山问答》《林下经纶》《筹解需用》《乾净衕笔谈》《杭传尺牍》等。他的著作至1939年始结集出版,现有韩国景仁文化社1969年10月影印本和朝鲜民主主义人民共和国社会科学出版社1965年版《湛轩书》留存。③

---

① 军官系指武官,全称为"子弟军官",它是由"三使"依照惯例从自己的子侄中挑选任命的。子弟军官其实多是专门为见学而往的燕行使节团随员。
② 以下根据学术界早已惯用的"古杭三才"之名称这三位学者。
③ 葛荣晋主编《韩国实学思想史》,第303页。

第二节 洪大容研究概况

　　作为18世纪后期朝鲜朝北学派的代表人物，洪大容的遗世之作并不多。但由于其较为进步的思想意识、积极探索的科学实践精神，以及在朝鲜从中世纪走向近代的过渡期提出的治理社会的崭新理念与先进的哲学思想，深受后人尊崇。然而恰恰因为对其思想意识与科学成就给予的过分关注，与其文学观、文化意识有关的研究成果略显逊色，进而导致后人对其文学观乃至文化意识的认识不足。笔者认为该研究状况不仅削弱了洪大容对其后涌现出的北学派"汉诗四家"[①]与诸多文人的直接或间接影响，也不利于后人对其做出客观、公正的评价。只有将洪大容在文学方面取得的成就提至与其他领域的研究成果相同的地位上来，一同归入对洪大容的整体研究中，其研究成果才可以说是完整、真实的。

　　笔者将可收集到的洪大容的汉文著作《湛轩书》（上、下）与朝文游记《乙丙燕行录》作为第一手资料，从中归纳总结出其文学观、文化观、哲学观、历史观、科学观等，向世人展现了潜藏于洪大容著作中的"异彩"，并欲客观、公正、全面地评价其实学地位。此外，通过阐释融汇在其著作中的异国形象和幻象，让人们了解当时朝鲜朝文人对中国乃至西方文学、文化的认识，进而探讨该认识与看法对社会变革所起到的积极作用。

　　自20世纪70年代以来，从哲学、历史、科学、文化等诸多领域切入，专门研究洪大容的努力始终没有间断过，或许可以说现已取得了可喜的成果。其中，对洪大容进行较全面研究的学者当数金

[①] 韩国文学界将洪大容、朴趾源之后的北学派后起之秀李德懋、柳得恭、朴齐家、李书九统称为"汉诗四家"，而实际上此称誉出自清朝文人李调元，在清朝文人中也广为知晓。〔韩〕李庚秀：《汉诗四家的清代诗受容研究》，韩国太学社，1995，第7页。

泰俊。他在1982年和1987年先后出版了《洪大容与其时代》《洪大容评传》两部著作，从多角度论及洪大容的一生及其人生轨迹，从而再现了洪大容的全貌。

根据已取得的研究成果，我们可以把它分为以下四个方面。

第一，从比较文化的角度阐述洪大容与"古杭三才"思想文化交流的研究。例如：金柄珉教授的《试论洪大容与古杭三才的思想文化交流》一文，对洪大容与清代文人"古杭三才"的交流做出了具体分析，取得了较高成就。祈庆富、权纯姬教授的《朝鲜"北学"先驱洪大容与中国友人的学谊》和《〈日下题襟合集〉概说》，以及祈庆富教授的《中韩文化交流的历史见证》，不仅认证了双方交流的事实，而且从资料学的角度肯定了遗稿的珍贵性，并指出了洪大容与严诚在记录双方笔谈的内容中出现的些许差异。但这些文章将洪大容与清代学者的交流范围仅仅局限在与"古杭三才"的交流上，而忽略了他与其他清代学者的接触和交流，且在挖掘交流内容的深度与广度上略显不足。

第二，将洪大容的思想与文学作为一个整体加以把握，进行综合论述，例如：刘基龙的《湛轩洪大容的思想和文学观》、李基衡的《洪湛轩经学观和诗学》、崔信浩的《湛轩的儒学思想和文学观》等。因为这些文章都是在有限的篇幅中涵盖了洪大容原本深刻、复杂的思想意识与文学观，以及两者之间的关系，难免导致研究流于肤浅，缺乏具体、深刻的论述，从而不能全面、清晰地归纳出洪大容的思想及文学理念。

第三，侧重于洪大容诗论的研究。例如：赵东一教授的《韩国文学思想史试论》一书中的"洪大容"篇，申东贤的《洪大容和本居宜长歌论的民族文学观比较研究》和朴美英的《〈大东风谣序〉体现的洪大容的诗歌理论和意义》等。这些文章都以《大东风谣序》为研究对象，论述了洪大容的诗学理论，分析该理论形成的思想背景和作者的民族文学观。但研究因仅局限于文章本身,忽略了中国诗学理论对洪大容的影响,所以显得不够深入和全面。

第四,对洪大容文学作品中体现的作者文化意识的研究。例如:金柄珉教授的《从〈医山问答〉看洪大容的自然哲学思想和文化意识》一文,通过对作品《医山问答》的分析,揭示了作者的文化意识与自然哲学思想的密切关系。而姜春烨的《18世纪前后朝鲜文学作品中出现的文明意识》一文,将《湛轩燕记》作为研究对象之一,分析阐明了洪大容的先进文化接受观和科学思想、世界观的扩充以及民族意识。

综上所述,目前对洪大容文学的研究呈现着一种逐渐关注、趋于深入的特征,它为今后更加客观、全面地研究洪大容文学奠定了一定的基础,但也暴露出不少研究缺欠。主要表现在:①尚未开展对洪大容哲学思想、科学思想、史学思想、文学思想、文化意识的综合系统研究,进而形成一系列科学的研究范畴;②尚未开展对洪大容文学思想的独立研究,也未深入探讨和阐释洪大容的文化意识;③尚未全面解析洪大容文学观、文化意识与中国文学乃至文化的关联。

第三节　洪大容文学的研究思路

一个作家对异国现实的感知与其隶属的群体或社会的集体想象密不可分。莫哈称,"大多数人往往并不是通过自己的直接接触去感知异国,而是通过阅读作品或其他传媒来接受异国形象的"。[1] 洪大容将燕行途中所见、所闻、所感整理之后记录的汉文燕行记——《湛轩书》(上、下)与朝文游记《乙丙燕行录》,正是其将在国内时通过社会集体想象业已形成的对清意识,通过在与具体的社会、历史语

---

[1] 孟华主编《比较文学形象学》,北京大学出版社,2001,第7页。

境下的接受来实现的。所以，这些著作多少带有作家的集体想象痕迹，是其在社会文化大背景下解读清朝的产物。事实上，任何个人无论其有多么强烈的批判意识，也都不可能绝对脱离集体无意识的樊笼。

笔者在查阅、整理、总结洪大容文学研究成果的过程中，发现了一些不足。鉴于此，拟在具体的研究过程中就洪大容的哲学思想、诗学思想、科学思想、史学思想、文化意识等多个侧面进行系统研究，从而探讨并分析其文学的整体特点和文化思维。本书的具体研究共分四章进行。

第二章"洪大容的思想体系"：从哲学观、学问观、社会观等方面论述洪大容文学及文化意识得以确立的思想基础。

第三章"洪大容的诗学理论"：从本质论、批评论、创作论三个方面论述洪大容的诗论，通过他与"古杭三才"以及清代其他文人的交流，归纳出他对诗歌本质内涵、诗歌价值取向的认识。

第四章"洪大容文学的形象内涵"：从洪大容作品中的异国形象、幻象的描述和创造，分析隐藏在其中的形象内涵。

第五章"洪大容文学与中国文学的双向反馈"：从他对中国文学的批评与接受、对朝鲜文学的介绍与传播，综合分析他所受到的中国文化、文学的影响以及反馈现象。

通过以上较系统的研究，笔者试图弥补在洪大容研究中出现的种种缺欠，从而进行以大量实例为基础的范畴研究，使有关洪大容的文学研究、文化研究上升到一个更高层次；改变以往对洪大容思想及科学成就的片面研究，力图对洪大容的哲学思想、诗学思想、文化意识、历史意识、科学思想展开相对独立而又综合的研究，深入探讨他与中国哲学、诗学、史学、文化、科学的关联，从而构筑多学科交叉、多角度思维的立体研究模式。通过以上研究，客观、真实地评价洪大容在北学派乃至朝鲜中世纪社会文化变革中的积极作用，并确认他在清代学术界和朝鲜思想文化界享有的较高的历史地位。

洪大容的思想体系较复杂，所体现的文化内涵较丰富，而这些均有意无意地融汇在其不多的文学作品中，因此需运用多种方法从多种不同的角度对其文学进行综合研究，即从哲学、文化人类学、形象学、文艺批评学、接受美学、文学等多角度进行照明，同时以马克思主义美学的历史批评方法为基本研究方法，兼取系统论、比较文学、传统的文学批评理论以及传记研究法、社会历史研究法、形式研究法等，切实做到融会贯通、相辅相成、为我所用。在具体研究过程中，笔者将根据批评对象的实际内容和特点，选择可运用的适当的研究方法，从特定的批评视角切入和观照对象，评价其文学和文化意义，从而体现研究方法的多元性。相信以上的研究方法必将会成为客观、公正地确立洪大容的实学地位与文学地位的理论依据，也将有助于总结过去洪大容文学研究的经验，使文学研究始终建立在实证、思辨、多学科交叉运用的科学基础之上。

第二章　洪大容的思想体系

洪大容是追求儒学真谛的性理学者,主张利用厚生的北学思想家,提出地动说的科学家,同时还是弹着琵琶书写自然的文人。洪大容所处的时代为朝鲜朝中后期,也正值中国明清交替后的社会过渡期。中国明清之际发生的政治变革不仅为国内的文化人带来了强烈的震撼,也深深地影响了朝鲜的有识之士。在国内,部分接受不了该变化的人士纷纷通过退隐的方式对思想与历史进行反思,对明亡的原因进行深究,痛定思痛,将明代覆亡的原因归咎于王阳明和其后学的空疏清谈,拟通过大力提倡凿实的经史之学挽救世风,形成了一代学风的变化之势。顾炎武、黄宗羲等人就是新风气的倡导者。与此同时,清朝官方意识形态奉行的是普遍主义和天下文化主义,制度上承袭明制,思想上也完全儒学化,尊奉程朱理学,科举照办不误,整个清帝国的知识、思想和信仰世界并没有因为明清鼎革而显得混乱不堪。这暂时有效地缓解或压制了民族冲突与紧张关系,国家从开放到封闭,又暂时把晚明以来的中国与世界的问题搁置在一边,特别是经过强化的程朱理学,似乎又重新弥合了认同的基础和真理的同一性,将晚明以来分崩离析的思想界重新整合。因此,清代前期出现了与明代中后期截然不同的"重归理学"的发展势头。经过最初的几代遗民之后,人们对明王朝的依恋也渐渐淡化,所谓"中国"已经渐渐由种族的概念转换为一种文明的象征。

此时，朝鲜朝社会正处于动荡不安之中，经历壬辰倭乱后，各种制度松散，社会秩序异常混乱，不断增建的兵营掏空了国家的财政，混乱的土地制度造成了极不公平的赋税征收。最为严重的是，不顾百姓生死安危的官场腐败日渐猖狂，造成了百姓生活的极度贫困。在中世纪，在野的有识之士纷纷以壬辰倭乱与丙子胡乱为契机，掀起了民族自省的高潮。直到18世纪前后，随着与中国日益频繁的交往，这些有识之士见识到崭新的世界文明，进而对世界的认识逐渐扩大和加深，朝鲜朝社会也出现了改革思想、改革制度、技术革新等"富国裕民"的口号，形成了承担历史发展前进力量的思想群体。他们就是后人所认可的朝鲜朝后期的实学派，他们的思想也就是今日谈论的"实学"。而在诸多实学流派①中，思想最进步，与中国的交流最为活

---

① 1960年4月，由朝鲜民主主义人民共和国社会科学院哲学所郑镇石、郑圣哲、金昌元合著的《朝鲜哲学史》一书出版。该书认为，17世纪是朝鲜实学思想的产生阶段，具体地介绍了实学先驱者李晬光、韩百谦、金堉、柳馨远等人。18世纪是朝鲜实学的发展阶段，详细地介绍了李瀷、洪大容、朴趾源、朴齐家、丁若镛等人。1983年，郑圣哲在《朝鲜实学思想的系谱》一书中，将朝鲜17~19世纪的实学思想划分为"初期实学"（柳馨远、李瀷），"中期实学"（洪大容、朴趾源、朴齐家、丁若镛）和"后期实学"（李圭景、崔汉绮）三个阶段。1952年，千宽宇先生在《磻溪柳馨远研究》一书中，将16世纪中叶至17世纪中叶称为朝鲜实学思潮的"准备期"，17世纪中叶至18世纪中叶称为朝鲜实学的"萌芽期"，18世纪中叶至19世纪中叶称为朝鲜实学的"全盛期"。1970年，韩国李佑成先生在《实学研究序说》一文中，以18世纪即英正以后的新学风为实学研究对象，将朝鲜实学分成以李瀷为代表的经世致用派，即实学第一期（18世纪前半期）；以朴趾源为中心的利用厚生派，即实学第二期（18世纪后半期）；以金正喜为宗的实事求是派，即实学第三期（19世纪前半期）。韩国哲学会编辑的《韩国哲学史》（下册），将17世纪初称为实学派的准备期，17世纪后期为实学派的萌芽期，18世纪是星湖学派和北学派的正式确立时期，19世纪是确立实学派哲学的重要时期。1989年，中国朱红星等人合著的《朝鲜哲学思想史》认为朝鲜实学大体经历了四个发展阶段，即从17世纪初实学先驱者李晬光到17世纪中叶柳馨远的实学初创期，17世纪中叶以后到18世纪以李瀷、洪大容、朴趾源、朴齐家等人为代表的实学兴盛期，18世纪后半期到19世纪初丁若镛的实学集大成期，19世纪前半期以崔汉绮等人为代表的后期实学。台湾成功大学蔡茂松教授在《韩国近世思想文化史》中，将超现实学分为四个时期：自李成桂建国至太宗，以赵浚、邓道传、权近为代表的"革命期"；自太宗至成宗，是朝鲜实学的"实践期"；自明宗至宣祖初，以李退溪、李栗谷为代表的"义理实践与现实更张期"；自丙子胡乱后将近200年间，以李瀷、朴趾源、金正喜为代表的"实学思想理论期"。葛荣晋主编《韩国实学思想史》，第41页。

跃的当数北学派。

中国国内的时局变化与思想文化领域的变革，为一直以来关注并直接、间接地接受中华文明的北学派带来了一个由"尊明攘夷"到承认清朝为"中华"，并从清代的盛世中对朝鲜的混乱状况进行反思的契机。由此，与保守的封建士大夫提出的"北伐论"相对立，他们提出了向清朝先进文明学习的切合时弊的"北学"理论主张。

洪大容作为北学派的代表人物，其一生的主要思想可以概括为以下几点。

第一，批判精神与对经学的全新阐释。洪大容站在批判与超越自我的立场上，尖锐地指出当时朝鲜学术界的思想堕落，意识到对于道学派的斥邪卫正论或王道论等根本问题，正因陷于矜心、胜心、权心、利心而遭到认识上的扭曲。他强调，只有放弃旧观念及权威意识，才有可能获得对真理的客观、公正的认识。据此，他批判那种拘泥于朱子体系的闭塞的经学态度，针对朱子学的注释提出多方质疑。

第二，以天视物的科学精神。他主张将人与事物分离，客观把握事物，将事物从人的价值规范中解救出来，使之独立于自然科学领域。他说："以人视物，人贵而物贱；以物视人，物贵而人贱；自天而视之，人与物均也。"[①]"以天视物"的观点脱离了基于儒教道德规范的自然观，确立了能以其身之规则理解自然之依据。因此，他极力主张地球圆形说与地球自转说。另外，他借助非阴阳论的西学"气"概念，否定五行说，排斥术家因素，弘扬以西方自然科学思维为基础的科学精神。

第三，现实认识与域外春秋论。洪大容承认义理学与道学的核心地位，同时也提出了经济（经世）学与"词章学"必须存在的理由，从而摆脱了道学的"一边倒"之学风，主张学问的多元化。另外他指

---

① 洪大容：《湛轩书》内集卷四《医山问答》，朝鲜社会科学院出版社，1965，第146页。

出，内在的人格与实际的事物是体用相通的，在实物中承认其重要性的同时，也强调科学、经济、军事是其基本要素。在历史观上，他摆脱了以中国为中心的"华夷论"，主张"域外春秋论"。他确立了各国的"相对自我中心论"，从而提出了克服番邦意识、树立自主意识的依据。

在洪大容思想的形成过程中，1765年的北京之行可谓是重要的转折点。此次旅行开阔了他的视野，拓宽了他的思路，使他进一步摆脱了当时朝鲜国内一贯"尊明攘夷"的对华认识，从自然的角度重新确立了华夷观点，进一步明确了原已显露雏形的"经世致用"思想。

第一节 哲学观

（一）理气论

洪大容是北学派的代表人物、科学家，这与洛论派主张的"人物性同说"看似有些矛盾，实则不然。洪大容主张的气论与传统的气论虽有以气概念为主展开叙述的相似哲学体系，但两种哲学体系所追求的目标与概念的具体内容、性质是截然不同的。洪大容的理气论、心性论、北学思想与17世纪朝鲜性理学界中已存在的理气心性论、北伐论、尊周论具有思想体系上内在的紧密联系。[①] 洛论中的人物性同论具有物论的可能性，而洪大容进一步强化人物性同论，确立了人物均同的新立场，由此更加清楚地阐释了对自然与人的全新看法。

概括来讲，朝鲜朝时期的性理学，根据对理与气中更看重哪一个，最终分为主理论与主气论两个分支。李滉（退溪）是主理论的代表人物，李珥（栗谷）是主气论的代表。洪大容师从老洛论派李

[①] 姜春华：《对洪大容实学认识论的研究》，韩国高丽大学哲学博士学位论文，2000。

第二章 洪大容的思想体系

珥一派的金元行，自然对理气论具有较深的领会，不仅继承了理气论的基本脉络，同时对性理学论争也提出了个人的些许见解。尤其他具有的坚持实心、实事、实地的学问态度，促使他不得不重视可感知到的"气"，最终进一步强化了李珥以来的主气论倾向，主张"气一元论"。但作为气一元论者，他不同于前期的任圣周。分主理、主气是根据心性论所讲的性与理的一致、理的自发性与否确定的，而在宇宙论中不论是主理论者还是主气论者都是依据气来生长和消失的。所以不能因为主张所有的存在都是依据"气"，就认为他是主气论者或认为他在否定理的存在。任圣周认为李珥的理通气局说与李绛的人物性同论有问题，从而回归张横渠的气一元论，在心性论中同时主张气一分殊与理一分殊，提出脱离传统理气心性论，应认可气一元论性质的心性论。与此相反，洪大容继承李珥的理通气局说与李绛、金元行的人物性同论，对理气的概念给予更加严格的区分，主张确立人物均理论。

1. "理"概念的相对化

洪大容对理的阐述大部分与心性问题相关，固守着性理学的基本框架。在"盖理者，理也，非气也；气者，气也，非理也。理无形，而气有形。理气之别，天地悬隔。有理必有气，而言理则曰理而已；有气必有理，而言气则曰气而已"[1]中，反映传统性理学中的理气论所讲的理气不相混合、不相离；在"凡言理者，必曰无形而有理。既曰无形则有者，是何物？既曰有理则岂有，无形而谓之有者乎"[2]中，说明理的无形，强调理气存在于两个不同层面；"充塞于天地者，只是气而已，而理在气中"[3]明确了主气论一直恪守的理在气中的观点；"凡物同则皆同，异则皆异。是故，理者天下之所同

---

[1] 洪大容：《湛轩书》内集卷一《四书问辨》之《孟子问疑》，第20页。
[2] 洪大容：《湛轩书》内集卷一《心性问》，第1页。
[3] 洪大容：《湛轩书》内集卷一《答徐成之论心说》，第3页。

也，气者天下之所异也。今夫心之为物，有迹有用，不可谓之理也，不见不闻，不可谓之气也"① 与"夫同者理也，不同者气也。珠玉至宝也，粪壤之贱也，此气也。珠玉之所以宝，粪壤之所以贱，仁义也，此理也。故曰：珠玉之理，即粪壤之理；粪壤之理，即珠玉之理也"② 说明了继承栗谷的理通气局说提出的理气论，即理是普遍性的依据，气是差异性的依据，并且反复强调理是相同的，以此来表明作为洛论的嫡系所持有的坚定立场。综上所述，洪大容虽接受大部分性理学的基本脉络，但通过对其中细节内容的具体考察得知，他所讲的理与传统性理学中所说的理，其实强调的内容是有根本上的差异的。

在最后的例文中可以看到，他没有用像恻隐之心等道德之衡量标准来审视理与仁，而是以有限的笔墨借助对"珠玉"与"粪壤"的贵贱之原因进行阐释，即将过去同时拥有"所以然之故"与"所当然之则"两个侧面的理的概念，限定说明在"所以然之故"上。

2. 气哲学

洪大容把天地万物的形成归结为气，指出："太虚寥廓，冲塞者，气也。无内无外，无始无终，积气汪汪，凝然成质。周布虚空，旋转停住，所谓日月星辰是也。"③ 洪大容的哲学思想脱离传统的性理学世界观向新的世界观转变，其中的缘由不外乎就是他的哲学将原有性理学中的诸多绝对概念相对化，而这些更形成了洪大容思想的核心，即属于洛论的直系派别，在思想上却脱离性理学内在发展轨道。洪大容哲学的这种自相矛盾的状况大概可以用以下理由来解释。①受当时性理学内在发展趋势的影响。②洪大容较早开始接受经中国传入朝鲜的天文学等西方科学，而这些自然在其世界观的形成中产生影

---

① 洪大容：《湛轩书》内集卷一《答徐成之论心说》，第 2 页。
② 洪大容：《湛轩书》内集卷一《心性问》，第 2 页。
③ 洪大容：《湛轩书》内集卷四《医山问答》，第 147 页。

响，新的世界观又与已有的人物性同论相结合，最终孕育出全新的思想观念。

归根结底，洪大容哲学体系的目的就是将外来因素与传统哲学体系相结合，成就崭新的哲学思想。该思想既是对传统性理学中诸多概念的相对阐述，又迎合了时代发展的需求，具有其进步意义。

（二）人物均同论

朝鲜朝时期的性理学之所以能够自成体系，并具有自己独特的内涵，可以归功于李滉、李珥以来对心性论的深入探讨。在18世纪，性理学者讨论心性问题的焦点一般都是人性与物性是否相同，未发心体从根本上讲是否善良的抑或善恶混淆的，圣人与凡人是否平等，但可以统称为人物性同异争论。洪大容正是在性同异论争激烈的时候师从金元行学习性理学，所以他在人物性同异论问题上受到恩师的影响是必然的结果。而与湖论派相反，金元行作为洛论派的人物，认为人性与物性相同、未发心体本是善良的、圣人与凡人是一样的。洪大容在继承该人物性同理论，将其作为自己心性论的核心内容的同时，创造性地重新构筑人物均同的独到见解，从性论与心论两方面论证了人物均同的思想。

1. 人物性同

洪大容说："在天曰理，在物曰性。在天曰元亨利贞，在物曰仁义礼智。其实一也"，[1] 主张人性与物性是相同的。他认为性与理根据其存在形式名称不同，具体内容也分为元亨利贞和仁义礼智，但这只是名称不同而已，实际内容是相同的。因为性是指具体存在的法则（性则物之则），所以与具有自然界整体存在原理之意的理属于不同范畴，但实际内容毫无二致。从前面对"理"概念的叙述中

---

[1] 洪大容：《湛轩书》内集卷一《心性问》，第1页。

提到的"珠玉"和"粪壤"之说可知，在洪大容看来，"理"就是万物存在的根源，其具体内容就是仁义。将人们通常在道德范畴中谈论的仁义概念扩大到事物的领域来理解看似有些奇怪，但这是将理与性同元亨利贞和仁义礼智一同考虑才能达到的一种思想境界。

那么，对他来讲"性"究竟是什么呢？洪大容不赞成性理学者鼓吹的性善性恶论，认为仁义礼智固然是本心，"见玩好而利心生"也是人的本心。他的这一本心之说其实同18世纪中国戴震的自然人性论是十分相似的。[①] 他说："今学者开口便说性善。所谓性者，何以见其善乎？见孺子入井，有恻隐之心则固可谓之本心。若见玩好而利心生，油然直遂，不暇安排，则何得谓之非本心乎？且性者一身之理，而理无声臭矣。善恶二字，将何以着得耶？"[②] 在他看来，凡是从人之本心油然而生的都是"性"。"理"本不是存在之有，当然也不具有善恶等属性，所以说"性"不仅是道德行为的原理，更是个体存在形式整体的原理。从"雨露既零，萌芽发生者，恻隐之心也。霜雪既降，枝叶摇落者，羞恶之心也。仁即义，义即仁，理也者一而已矣"[③] 中可以看到，他用通常在伦理问题中谈论的仁义礼智标准来对"性"进行阐述，将四端扩大到自然界的所有现象中，认为自然是不断重复的生命体，萌芽、落叶等所有生命现象就是四端的流露，所以他断言"事无善恶不出乎四端"。[④] 如此，他不再将仁义礼智仅仅看作是伦理之教条，他指出："毫厘之微，只此仁义也；天地之大，只此仁义也。大而不加，小而不减，至矣乎"，阐明了生命的原理就是自然界整体原理的观点。[⑤]

[①] 葛荣晋主编《韩国实学思想史》，第9页。
[②] 洪大容：《湛轩书》内集卷一《心性问》，第1页。
[③] 洪大容：《湛轩书》内集卷一《心性问》，第1页。
[④] 洪大容：《湛轩书》内集卷一《心性问》，第2页。
[⑤] 姜春华：《对洪大容实学认识论的研究》，韩国高丽大学哲学博士学位论文，2000。

第二章　洪大容的思想体系

洪大容将上述想法扩大到"草木之理即禽兽之理，禽兽之理即人之理，人之理即天之理，理也者仁与义而已矣"，指出草木之理、禽兽之理、人之理表明的就是草木之性、禽兽之性、人之性，由此达到人之本性与物（草木与禽兽）之本性相同的"人物性同"结论。此中的相同，指的是人与物在共同拥有生命之原理意义上的相同。

被公认为是全面体现洪大容实学思想的著作《医山问答》，就是总结洪大容在《心性问》中所体现的对人类认识的一部佳篇。他对人类的认识源于批判过去的视人类为万物之灵长的认识。

> 虚子曰："语其质则头圆者天也，足方者地也，肤发者山林也，精血者河海也，双眼者日月也，呼吸者风云也，故曰：人身，小天地也。语其生则父精母血感而结胎，月满而降，生齿增而智长，七窍通明物，五性具足，此非人身之所以异于物者乎？"实翁曰："如尔之言，人之所以异于物者几希，夫发肤之质精血之感，草木与人同，况于禽兽乎？"①

洪大容借虚子和实翁的对话否认只有人身是小天地，而认为禽兽草木与人身无二，主张与人类不同的其他存在在其生成原理上其实也与人类是相同的。虽然他对"生之类有三，人也，禽兽也，草木也"毫无疑义，但是以"草木倒生，故有知而无觉；禽兽横生，故有觉而无慧。三生之类怏轧泯棼，互相衰旺，抑将有贵贱之等乎"，② 对生存状态的差异表示其贵贱差异的说法提出了质疑。实际上这是对万物中只有人类是因具慧觉礼义而显高贵的陈腐观念的一种否定。他还说："五伦五事，人之礼义也；群行呴哺，禽兽之礼义也；丛苞攸

---

① 洪大容：《湛轩书》内集卷四《医山问答》，第146页。
② 洪大容：《湛轩书》内集卷四《医山问答》，第146页。

-17-

畅，草木之礼义也"，① 认为人类伦理道德中的五伦、五事与草木禽兽的群生等生命活动（礼义）毫无二致。由此，将"人物性同论"中出现的理、性、仁贯穿在一起，理解为一个生命活动之观点的延续。这些观点实际上是指人类在生存中所体现的礼义与禽兽草木在生长中所产生的现象，作为具体事物的存在规则没有差异。

洪大容主张人物性同的目的，应该说是在于将人的行动与自然的生命原理等同视之，由此脱离因人具备五常之性就将其行动束缚在绝对的道德规范中的朱子学范畴。他的思想实际上与蔓延在朝鲜朝后期文化思想界的天机论②有着直接的关系。当时的天机论体现的思想内涵可以概括为顺其自然的自我更新式表露，而该顺其自然是将民族本有的美学思想与文化心理融合在一起的。

2. 人物心同

洪大容认为人与物的心是相同的，以"今夫心之为物，有迹有用，不可谓之理也；不见不闻，不可谓之气也"③ 很小心地避开了从理或气之角度对"心"概念的片面界定。他说："心者，五脏之一，有动有迹，只是气而已。而理在其中，非无理也，而语其体则气也"，④ 认为心既是身体脏器之一，同时也主张"心即为气"。此外，他还对心的存在价值进行论述，认为构成心的气具有与其他存在不同的神秘之气。

"充塞于天地者，只是气而已，而理在其中。论气之本，则澹一冲虚，无有清浊之可言。及其升降飞扬，相激相荡，糟粕煨

---

① 洪大容：《湛轩书》内集卷四《医山问答》，第 146 页。
② 朝鲜朝后期的天机论是对当时文学、艺术、文化所拥有的矛盾核心的挑战，而挑战是以民族本然的美学思维和文化心理为力量的，并从潜藏在接受和积累中国文艺及文化过程中的顺其自然之性应运而生。
③ 洪大容：《湛轩书》内集卷一《答徐成之论心说》，第 2 页。
④ 洪大容：《湛轩书》内集卷一《四书问辨》之《孟子问疑》，第 20 页。

烬，乃有不齐？于是，得清之气而化者，为人；得浊之气而化者，为物；就其中至清至粹神明不测者，为心。所以妙具众理而宰制万物，是则人与物一也。"①

心虽与其他存在一样由气组成，但是以区别于其他的"气"之形式存在。区别在于因由清、纯、神秘不测的气组成，气本体就很神秘。但是他认为这种神秘的心体不独是人类所具有的，在自然界中也普遍存在，由此很谨慎地提出人物心的异同问题。洪大容认为所有的存在都具有心气的清明纯粹，而所有存在的心因心气的清明纯粹又都具有神明不测的共同属性。这种神明不测其实就是带有不能互相比较之意，所以从根本上就杜绝了对各个存在的心之差异的讨论，进而从禽兽与草木之心所发之用来看，它们同人一样具备仁义礼智，有时甚至可能胜于人。

当然，他也承认草木和禽兽与人不同，受限于外形而在现实上达不到正心。但他认为这是次要的，因为所有的生命体都具有各自神灵般的本领，这才是实质内容。而在这些所有生命体之心具有何种灵验的本领问题上，人与物的心是相同的，即草木、禽兽、人之心从本质上讲都是神灵的，所以也是相同的。洪大容在此基础上不仅否定人心与物心的差异，还进一步否定圣人之心与众人之心的差异。"孔子曰：'民可使由之，不可使知之。夫民之心本自虚灵洞澈，万理咸备，圣人之不使知之，而终不可为尧舜之聪明睿智者。何也？是亦局于气也。若以此而遂以为众人之心与圣人之心不同，则愚不知其何说也。'"② 在此，承认了圣人之心与众人之心的神灵之相同、圣人之心与众人之心因气而具有差异，但也强调不能因气造成的差异就认为两

---

① 洪大容：《湛轩书》内集卷一《答徐成之论心说》，第3页。
② 洪大容：《湛轩书》内集卷一《答徐成之论心说》，第3页。

者是不同的。众人之心原也虚灵、洞澈、万理皆备，但是因为圣人不使知之，结果没能具有圣人之心，本来的圣人之心与众人之心其实是相同的。

洪大容的心论从所有之心皆具备清明纯粹、神明不测的灵验性出发，主张人与物心同的同时，进一步阐明圣人与众人之心的相同。他在晚年的名作《医山问答》中，就人物均同留下了以下总结性说明："五伦五事，人之礼义也；群行呴哺，禽兽之礼义也；丛苞攸畅，草木之礼义也。以人视物，人贵而物贱；以物视人，物贵而人贱；自天而视之，人与物均也。"[①] 在洪大容看来，所说的人与物不同就是人的骄傲自满所致。他的理论是人与物、圣与凡相同，进而华夷相同。在恩师金元行的影响下，洪大容提出的人物均同思想最终与他本人否定华夷之分的思想一脉相承，成为《医山问答》中"域外春秋论"的重要依据，同时也成为"北学论"的重要理论基础。此外，该思想还成为他本人认识论中心性论的基础内涵。

第二节　学问观

学问观是指整体学问与思想的某一部分作为学问与思想的基础，具有对整体认识的反思意识。通过洪大容的学问观，不仅可以了解其学问与思想的一个侧面，还可观照其学问与思想的整体特点。

洪大容在燕行途中通过与中国文人的笔谈，明确指出了他对学问的理解，即"学有三等，有义理之学，有经济之学，有词章之学……学分三等，世儒之陋见。舍义理，则经济沦于功利，而词章淫于浮藻，何足而言学。且无经济，则义理无所措；无词章，则义理无

[①] 洪大容：《湛轩书》内集卷四《医山问答》，第146页。

所见。要之三者，舍一不足以言学，而义理非其本乎"。① 他将学问分为义理之学、经济之学、词章之学的同时，认为义理之学是最根本的，而这三者也是相辅相成、缺一不可的。如没有经济之学，义理之学就无用武之地，无词章之学，义理之学就无法体现。他虽然承认义理之学即道学的核心地位，但也指出经济之学与词章之学的存在理由，指出词章之学中的记诵词章、训诂等的学问弊端，并确立以汉魏古诗体为典范的诗论。

洪大容作为朝鲜性理学者，认可朱子学中的相当一部分观点，也对阳明学、佛教、道教、西学中的部分内容予以肯定，体现了追求学问与思想多元化的倾向。他对胡安定修改《二程文集》一事，回答正祖曰，"既有朱子之论，则其得失不待言矣"，② 还师从金元行了解宋时烈（尤庵）的学问与人格，对尤庵的文集修改予以关注，担任了独享尤庵的华阳书院的在任。③ 可见，洪大容在充分肯定朱子的学术权威的同时，表明了作为朱子学者的明确态度。但他并没有全盘接受宋时烈的学问观。在朝鲜朝的性理学者中，他对栗谷李珥和磻溪柳馨远评价最高，但尊崇的是重峰赵宪和土亭李之菡。这是因为他们的学问没有只停留在具有性理学特点的心性论上，而是具有具体治人之道的实学性质。

虽然洪大容自称为朱子学者，在政治上坚持老论的立场，但对朱子与老论的始祖宋时烈果断地进行了批判。他在老少分党问题上，因提出尹拯应得到宽容，宋时烈值得怀疑，受到恩师金元行的严厉训斥；④ 在《孟子问疑》中批判宋时烈对《浩然章》的解释，认为宋时烈无法摆脱将理与气视作一物之弊病，主张心只是气，而理在其中。

---

① 洪大容：《湛轩书》外集卷七《吴彭问答》，第 292 页。
② 洪大容：《湛轩书》内集卷二《桂坊日记》，第 72 页。
③ 洪大容：《湛轩书》内集卷二《桂坊日记》，第 74~75 页。
④ 洪大容：《湛轩书》内集卷一《三经问辨》之《美上记闻》，第 50 页。

他对朱子学也不盲从，通过《小学问疑》《家礼问疑》《三经问辨》《四书问辨》等，对朱子所述内容中持有异议的部分给予了独到的合理解释。

洪大容最为严厉批评的对象，就是当时鼓吹礼颂的朝鲜朝性理学界。他认为儒学失去原有真意的典型领域就是礼学。通过"呜呼哀哉！道术之亡久已。孔子之丧，诸子乱之。朱门之末，诸儒汩之。崇其业而忘其真，习其言而失其真。正学之扶，实由矜心；邪说之斥，实有胜心；救世之仁，实由权心；保身之哲，实由利心。四心相仍，真意日亡，天下滔滔，日趋于虚"，① 表明空洞学问的泛滥成灾，进而提醒人们摒弃矜心、胜心、权心、利心等，选择"由虚返实"的儒家真正的学问之路。在其他学者批判他对礼学的看法，并劝其学习礼学时，洪大容答道："窃意易贵时宜。圣称从周，古今异宜。三王不动礼，居今之世，欲反古之道，不亦难乎。穷年累世，缕折毫分，而实无关于心身之治乱，家国之兴衰。而适足以来聚讼之机，则殆不若律历算数钱谷甲兵之可以适用而需世，犹不失为稊稗之熟也。况其掇拾于煨烬之余，而传会以汉儒之杂，欲其句为之解，而得圣人之心，多见其柱，用心力也。"② 洪大容深恶两班贵族的"手不知洒扫之节而口谈性命之蕴"之空疏学风，主张"六艺之教，并行于洒扫之节"。③ 他认为所谓"学"是指"兼知行而言"，故"知行两端，固不可偏废"。④

洪大容对于学问结构之实用性的理解，表现在他利用体用论建构的另一种方式之学问结构上。⑤ 他在《与人书二首》中将学问引申为

---

① 洪大容：《湛轩书》内集卷四《医山问答》，第145页。
② 洪大容：《湛轩书》内集卷三《与人书二首》，第107页。
③ 洪大容：《湛轩书》内集卷一《小学问疑》，第4页。
④ 洪大容：《湛轩书》外集卷一《与铁桥书》，第169页。
⑤ 姜春华：《洪大容的实学的学问结构》，《延边大学学报》（社会科学版）1999年第1期。

学与行,并在学术上与金钟厚(直斋 ？~1780)争论道:"正心诚意,固学与行之体也,开物成务,非学与行之用乎？揖让升降,固开物成务之急务,律历算数钱谷甲兵,岂非开物成务之大端乎",① 以此来强调学以致用、知行合一的实用之学。当曾编纂过礼书《家礼集考》的金钟厚对洪大容的学问倾向不以为然时,洪大容便以如上学问分类反驳其以礼学与礼为主的思考方式。他将"正心诚意"与"开物成务"分类为学与行之体与用,又以"揖让升降"与律历、算数、钱谷、甲兵为"开物成务"的急务与大端。"正心诚意"意味着做学问的主体,即人的内心修养,"开物成务"意味着社会(客体)实践(适用)。如果说"揖让升降"在社会实践中属于道德规范(礼与人事)领域,那么律例、算数、钱谷与甲兵就是社会实践的物事领域。洪大容以内心修养为学与行之体(本),社会实践为学与行之用(运用),认为道德规范的实践是社会实践的当务之急,而物事的领域则是社会实践的重要部分,即大端。正如其所言,"窃曾闻问学在实心,施为在实事,以实心做实事,过可寡而业可成"。② 在他看来实学的实心与实事两个领域,同"正心诚意"的内心修养与"开物成务"的社会实践是互为照应的。

(一) 义理之学

正如洪大容本人所言,义理之学是学问的根本,他通过理气、心性的概念思考与宇宙、人类相关的根本问题,其中理气论在他的学问中占据最重要位置,也起到了制约其他世界观的作用。作为老论洛派金元行的弟子,洪大容对理气论表现出极大的关心,他通过恩师继承李珥主气论的脉络,且以实心、实事、实地的学问态度进一步强化李

---

① 洪大容:《湛轩书》内集卷三《与人书二首》,第110页。
② 洪大容:《湛轩书》内集卷四《祭渼湖金先生文》,第133页。

珥以来的主气论倾向，使其开始具有唯物论的色彩。

洪大容的义理之学具有理在其中、理气无先后、理无所主宰、人物均同等四项内容。他接受中国的哲学家张载、朱熹之观点，以气之运动与变化说明宇宙的生成，将它同包括人类在内的宇宙万物联系起来。他说："充塞于天地者，只是气而已，而理在其中。论气之本，则澹一冲虚，无有清浊之可言。及其升降飞扬，相激相荡，糟粕煨烬，乃有不齐？于是，得清之气而化者，为人；得浊之气而化者，为物；就其中至清至粹神明不测者，为心。所以妙具众理而宰制万物，是则人与物一也。"① 洪大容认为，从根本上讲，气主宰万物的生成，澹一冲虚、至清至虚，没有清浊之分，但通过升降飞扬与相激相荡等不间断运动出现糟粕煨烬，造成清浊之分的本质差异。其中清气成人，浊气成物，至清至粹之气成心，而理又不是与气对等的存在，它存在于气中，所以这种心是人与物都具有的。洪大容的气说其实是承袭了李珥的理论，其中的至清至粹、神明不测之气即为心，心中具有众理来主宰万物都与李珥、宋时烈的想法一致。而强调气之糟粕煨烬和清气、浊气之分的也是李珥。洪大容以"岩洞土窟，气聚成质，谓之气化。男女相感，形交胎产，谓之形化"② 来证明，作为宇宙生成基础之气实是人类社会整体的基础所在。由此可以看出，他的"理气论"其实就是"气一元论"。

虽然洪大容在李珥的主气说影响下认知性理学，但他强化李珥的主气说倾向，最终否定理气二元论。"理气先后，自来儒者各有主见。而若中庸注说，亦非谓成形而后理乃赋焉。臣则以为，有则俱有，本不可分先后，盖天下无无理之物，非物则理亦无依着也。"③ 他认为理气有则俱有，不可分先后，主张理气无先后。理是存在于气

---

① 洪大容：《湛轩书》内集卷一《答徐成之论心说》，第3页。
② 洪大容：《湛轩书》内集卷四《医山问答》，第160页。
③ 洪大容：《湛轩书》内集卷二《桂坊日记》，第83页。

运动过程中的运动规则，所以理气之关系就是物质实体与运动规则之关系，而能够证明它的就是理气不相离、不相杂原则。他对朱熹注《中庸》中不能分辨理气之说，批评道："今曰理气二物元不相杂，即其气之无形无声而理智微妙在焉。故气之无形与声，便不妨谓之理之无形与声云，则窃所未晓。气无形声，自气无形声。理无形声，自理无形声。理气之悬，判若天壤，如是滚合为说，不几于混囵鹘突而有害于道器之分耶？且以理气不相离而谓之气然理然，则有形有声者可谓气，有形声而理亦有形声耶。"① 理气具有不可分离的关系，只要其中某一个存在，其他也必定存在，无先后，但理气同时具有不可混囵、不相一致的关系，理只是气的理，绝不是气本身。该主张虽然继承传统的性理学理论，但比起理气不可分，洪大容更强调理气不可相混的一面。理就是理，气就是气，两者具有无形（理）与有形（气）的明显区别，如果因其不可分离就认为理气是相混的，会犯下视理气为一物的严重错误。他还就道与器之关系间接证明理气之关系，即道与器虽是不可分离的，但如想区分它，道就是形而上、气就是形而下。不能因为道与器不可分割，就认为两者相同，也不能因为区分为形而上与形而下，就认为它们是独立存在的。② 该说明更突出地解释了"物质实体与其运动规则"之关系。为了与气相对而言凸显理的价值在上，理气二元论者中，越是主理倾向严重的人越强调"理气不相杂"原则。但是洪大容作为气一元论者，认为理是依附在气身的，主张理在气中，所以他的不相离与不相杂与传统的理气关系之说在含义上是有本质区别的。它是为了

---

① 洪大容：《湛轩书》内集卷一《四书问辨》之《中庸问疑》，第21页。
② 洪大容：《湛轩书》内集卷一《四书问辨》之《孟子问疑》，第20页。
"盖合而言之，器亦道道亦器。分而言之，形而上形而下。器亦道道亦器而道未曾为器，器未曾为道。形而上形而下而上未曾离下，下未曾离上。守上下之说而谓判然各立者，固非矣。执道器之论而谓道可以为器而器可以为道，则其失又甚矣。"

告诫人们对理气的模糊、神秘的理解，而强调理气之别的。也因此，与"理气不相离"相比，更多地使用了"理气之别"与"理气之悬判"等措辞。

　　洪大容认为气善理亦善，气恶理亦恶，只是随气之所为而已，绝不是理主宰气。"且所谓理者，气善则亦善，气恶则亦恶，是理无所主宰，而随气之所为而已。如言理本善而其恶也，为气质所拘，而非其本体。此理既为万化之本矣，何不使气为纯善而生此驳浊乖戾之气，以乱天下乎？既为善之本，又为恶之本，是因物迁变，全没主宰。"① 现实世界的善恶随气而变，忽隐忽现，所以绝不是理主宰气。他还从存在论之角度，对理的主宰性进行否定，即"凡言理者，必曰无形而有理。既曰无形则有者，是何物？既曰有理则岂有，无形而谓之有者乎？盖有声则谓之有，有色则谓之有，有臭与味则谓之有，既无是四者则是无形体无方所。所谓有者，是何物耶？且曰无声无臭而为造化之枢纽，品汇之根柢，则既无所作为，何以见其为枢纽根柢耶？"② 当某个对象具有形与方所时，人们才承认它的存在，而之所以知道其存在，也是因为能感知到它的属性（声、臭、味、光等）。对洪大容来讲，存在（有）意味着物的实际之有，实际之有指的是超越自身的形而上的实体或不依赖于人类主观的物质对象的存在形式，在此意义上理不可能被感知，也不能说是实际之有，所以理更不能是对某个对象的主宰之存在。与之相反，气不受任何外部之有的主宰而独立存在，它作为万物之质，是一个不断重复生成与灭亡运动的物质实体。因此可以说，洪大容完全脱离理气二元论，确立了气一元论，而气一元论也是洪大容义理之学的最大成就。

---

① 洪大容：《湛轩书》内集卷一《心性问》，第1页。
② 洪大容：《湛轩书》内集卷一《心性问》，第1页。

第二章　洪大容的思想体系

洪大容从性论与心论两方面论证了人物均同思想。洪大容说"在天曰理，在物曰性。在天曰元亨利贞，在物曰仁义礼智。其实一也",① 主张人性与物性是相同的。他认为性和理根据其存在形式的不同而名称不同，具体内容也分为元亨利贞和仁义礼智，但这只是名称不同而已，实际内容是相同的。即，因为性是指具体存在的法则（性则物之则），所以与具有自然界整体存在原理之意的理分属不同范畴，但实际内容毫无二致。他就"性"说道："今学者开口便说性善。所谓性者，何以见其善乎？见孺子入井，有恻隐之心则固可谓之本心。若见玩好而利心生，油然直遂，不暇安排，则何得谓之非本心乎？且性者一身之理，而理无声臭矣。善恶二字，将何以着得耶？""理"本不是存在之有，当然也不具有善恶等属性，所以说"性"不仅是道德行为原理，更是个体存在形式整体的原理。从"雨露既零，萌芽发生者，恻隐之心也。霜雪既降，枝叶摇落者，羞恶之心也。仁即义，义即仁，理也者一而已矣"② 中可以看到，他用通常在伦理问题中谈论的仁义礼智标准来对"性"进行阐述，将四端扩大到自然界的所有现象中，阐明生命的原理就是自然界整体原理的观点。他还将该想法扩大到"草木之理即禽兽之理，禽兽之理即人之理，人之理即天之理，理也者仁与义而已矣"，指出草木之理、禽兽之理、人之理表明的就是草木之性、禽兽之性、人之性，从而得出人的本性与物（草木和禽兽）的本性相同的"人物性同"结论。而此中的相同，指的是人与物在共同拥有生命的原理之意义上的相同。

洪大容认为人与物的心是相同的，以"今夫心之为物，有迹有用，不可谓之理也。不见不闻，不可谓之气也",③ 小心地避开从理

---

① 洪大容：《湛轩书》内集卷一《心性问》，第1页。
② 洪大容：《湛轩书》内集卷一《心性问》，第1页。
③ 洪大容：《湛轩书》内集卷一《答徐成之论心说》，第2页。

或气的角度对"心"概念的片面界定，他说："心者，五脏之一，有动有迹，只是气而已。而理在其中，非无理也，而语其体则气也"，①认为心既是身体脏器之一，同时也主张"心即为气"。他还对心的存在价值进行论述，认为构成心的气具有与其他存在不同的神秘之气。洪大容认为所有的存在都具有心气的清明纯粹，而所有存在的心因心气的清明纯粹又都具有神明不测的共同属性。当然，他也承认草木和禽兽与人不同，受限于外形而在现实上达不到正心。但他觉得这是次要的，因为所有的生命体都具有各自神灵般的本领，这才是更加实质的内容。而在这些所有生命体之心具有何种灵验的本领问题上，人与物的心是相同的，即草木、禽兽、人之心从本质上讲都是神灵的，所以也是相同的。由此，他不仅否定人心与物心的差异，更否定圣人之心与众人之心的差异。"孔子曰：'民可使由之，不可使知之。夫民之心本自虚灵洞澈，万理咸备，圣人之不使知之，而终不可为尧舜之聪明睿智者。何也？是亦局于气也。若以此而遂以为众人之心与圣人之心不同，则愚不知其何说也。'"② 在此，承认圣人之心与众人之心的神灵的相同、圣人之心与众人之心因气而具有差异，但也强调不能因为因气造成的差异就认为两者是不同的。众人之心原也虚灵、洞澈，万理皆备，但因圣人不使知之，结果没能具有圣人之心，本来的圣人之心与众人之心其实就是相同的。

　　他的心论从所有之心皆具备清明纯粹、神明不测的灵验性出发，主张人与物心同的同时，进一步阐述圣人与众人之心的相同。在他看来，人与物的不同就是人的自满所致，他的理论是人与物、圣与凡相同，进而华夷相同。在恩师的影响下，洪大容提出的人物均同思想最终与他本人的否定华夷思想一脉相承，成为《医山问答》中"域外

---

① 洪大容：《湛轩书》内集卷一《四书问辨》之《孟子问疑》，第20页。
② 洪大容：《湛轩书》内集卷一《答徐成之论心说》，第3页。

春秋论"的重要依据,同时也成为"北学论"的重要理论基础。同时,该思想还成为他本人认识论中心性论的基础内涵。

(二) 经济之学

18世纪,当洛论学界内部展开激烈的湖洛论争之时,学派内的洪大容等一些进步文人悄悄地关注起物之存在,使当时学问一改过去只考虑人之心性问题的倾向,开始构筑起将物作为学问研究对象之理论基础的新结构。他们批判学界一直以来追求的以心性论与礼论为主的学风,接受并创造性地发扬人物性同理论,以对事物的客观认识为基础,着手研究"适用而需世"的"经世济民之学"(经济之学)。洪大容虽然认为义理之学是最基本的学问,但他倾注毕生精力研究的是律历、算术、钱谷、甲兵之学。从内容上讲,其中既有律历、算数等象数学,也有钱谷、甲兵等经济之学,但考虑到他所关注的是"适用而需世"学问,将其归纳为"经济之学"最为贴切。

洪大容认为"民心日坏,从法不能自行,而风俗渐就于衰落",原因在于"抑字牧(官),之所以导之者,不得其道也"。根本问题在于"得其道",要有正确的、符合社会现实的思想为指导,就是说为官者"怀利以接",只图谋一己的私利,而无经世济民以利民生之德,终究不能达到经世致用、利用厚生的境界,所以必须坚持义理与经济的统一。

洪大容在人物性同论的基础上展开象数学研究,努力以此来科学地证明自己周围的具体物象,并出于对经济之学的关心,探析了人类社会的始源与相互关系,构筑了脱离传统华夷观的具有现实意义的政治理论。《燕记》中有一段他与周监生[①]围绕国内明德问题展开的心

---

① 洪大容在燕行归国途中,在三河县遇到了几位清朝文人,周监生就是其中一位。

性争论。在此，他体现出"鄙无主见，唯善看者，不以辞害意，则诸说可通用……"的客观态度，以"东儒之崇奉朱子，实非中国之所及。虽然唯知崇奉之为贵，而其于经义之可疑可议，望风雷同，一味拖护，思以钳一世之口焉，是以乡原之心望朱子也。余窃曾病之，及闻浙人之论，亦其过则过矣。唯一洗东人之陋习，则令人胸次洒然也"① 来批评朱子学与朱子主义的绝对化，希望形成一种类似中国朱子之外的学问也能得到认可的学风。② 其实，以儒学为安身立命之本的洪大容，并没有从根本上否定朱子学，但他对将朱子学视为儒学之金科玉律的现象持怀疑态度。他真正追求的是"真儒学""实儒学"，因此对能与朱子学并存的其他的中国学问也抱有极大兴趣。与他对朝鲜朱子学的部分批判不同，他对朝鲜礼学的批判是更为犀利与严厉的。他平时不仅以"以近世儒者礼说之繁文琐节，反违制礼本意苔录之穿凿附会，多舛经传本义，心常病之"③ 来表明对礼学的批判态度，还进一步意识到律历、算数等象数学与钱谷、甲兵等经济之学比礼学更为重要。④ 该主张的背后当然也藏有随着时代变化，"礼需要更新，而欲反古之道"倒不如像象数学、经济之学"适用而需用"。此外，根据先前的经验，他坚信揖让、升降等礼仪也将会迎合时代的变化有所调整。

朝鲜朝的英祖、正祖两世土地兼并严重，贵族的私田扩大，公田相对减少，国家财源渐枯，经济、政治与一系列社会矛盾日益激化。

---

① 洪大容：《湛轩书》外集卷三《乾净录后语》，第290页。
② 洪大容：《湛轩书》附录《从兄湛轩先生遗事　洪大应》，第430页。
"曾谓我东中叶以后，偏论出而是非不公，野史不足观矣。虽以斯文事言之，中原则背驰朱子，尊崇陆王之学者，滔滔皆是而未曾闻得罪于斯文。盖其范围博大，能有以公观并受，不若拘墟之偏见也。"
③ 洪大容：《湛轩书》附录《从兄湛轩先生遗事　洪大应》，第430页。
④ 洪大容：《湛轩书》内集卷三《与人书二首》，第110页。
"揖让升降，固开物成务之急务，律历算数钱谷甲兵，岂非开物成务之大端乎？"

洪大容意识到当时的社会危机主要是源于土地,所以判断拟解决社会危机必须从土地问题入手。他认为古之井田制难行于今,但可变通以适于今,通过均田可以实现"分田制产"的社会理想。其实他这种理想虽然没有照搬孟子称赞过的"井田制"古道,但核心内容仍为孟子的"制民之产"方案。由此可见,洪大容作为北学派实学的奠基人兼具了厚今与尚古的作风。

在《医山问答》中,还可看到洪大容异常明确的治学态度。他不承认礼制的绝对性,认为在不同的时代、地域与风俗环境下,礼制是可以改变的,且在批判注疏烦琐的同时也不认可朱子的绝对权威。如果像金钟厚所言,礼学是以"父子君臣之重"区别礼的正误,为"理身心,治家国"服务的话,那只能说明礼学是为名分而存在的。而洪大容的"礼学名分是次要的"说法,对已有的礼学绝对性的名分进行反思,并对朱子学对它的依赖提出了修改要求。他的学问具有洛论一派的经济之学影响,经济之学理论依据又在心性论上是不容置疑的。

《医山问答》就是他接受具有心性论性质的传统朱子学的素养,将它同新的事物观、自然观、人类观、世界观达成一致的有力证据。而文章中的理论展开过程,是其思想从洛论哲学向社会、政治思想扩大的发展过程。提出对已有学风的反思后,洪大容通过实翁之口否定虚子的"人较之禽兽和草木更为珍贵"之说法,展开了"在天视之人物均等"的观点,且以"圣人师万物"将理论扩展到研究物理的必要性之领域。[①] 接下来,他还借实翁之口说明天地之情的自然问

---

① 洪大容:《湛轩书》内集卷四《医山问答》,第146页。
　"……以人视物,人贵而物贱;以物视人,物贵而人贱;自天而视之,人与物均也。夫无慈,故无诈;无觉,故无为;然则物贵于人亦远矣……是以古人之泽民御世,未尝不资法于物。君臣之仪,盖取诸蜂;兵阵之法,盖取诸蚁;礼节之制,盖取诸拱鼠;网罟之设,盖取诸蜘蛛。故曰:圣人师万物,今尔曷不以天视物,而犹以人视物也。"

题。他站在象数学研究角度,否定了传统的天圆地方说,以地球球体说为依据指出地、日、月、星无上下,人身也无东西南北,还说中国与西方各自以对方为倒界,其实都为正界,且科学地论述了地转说。其后,洪大容说明雨、雪、雷、季节等自然现象,将论述扩大到了人物之本、古今之变、华夷之分等经济之学领域。即,中古以后气化消绝、形化盛行的状况导致了各为己身、民间互斗的结果。它更导致弱肉强食的社会现象,由此揭示出"是以礼乐制度,圣人所以架漏牵补,权制一时,而情根未拔,利源未塞,势如防川,毕竟溃决,圣人已知之矣"。① 此时的礼乐制度并未消除祸乱根源,是临时的,且以变化为前提。这与他先前对朝鲜礼学的批判一脉相承。他在"至治之余,表乱之渐,时势然矣"的观点下,概括夏之后的中国史,认为中国的不振是中国文明的颓废与文弱所致,从而强调实用,认为清朝的建立为天时的必然,体现了与以往明显不同的对清意识。最终,洪大容以该崭新理论为基础,在《医山问答》的结尾部分提出华夷问题,否定过去的华夷之分,认为在天视之华夷无内外之分,且强调指出:如孔子居九夷,可能就写就了以域外九夷历史为中心的"域外春秋"。

综上所述,《医山问答》的理论阐述出自心性论,经象数学达到经济之学的高度。这实际上是洪大容学问的成长扩大过程。其间,他对人类与自然万物,它们之间的相互关系与各种意识等已有的绝对化观念做出相对考虑,并阶段性地进行修改。总之,洪大容将过去对朱子主义义理学风的批判意识作为思想出发点,将过去所有固定观念转换成相对的观念,并且将它贯穿到朱子学、人物之性、天地、礼乐制度、历史、华夷之分等领域。如果说已有的思想体系是朱子学的绝对化,研究以性命义理之学与礼学为中心的心性论与礼论内容,那么洪

---

① 洪大容:《湛轩书》内集卷四《医山问答》,第161页。

大容摸索出的是有别于其他学问方向的象数学与经济之学,并在此基础上开辟了理解华夷论的新视野。可以说,《医山问答》体现的是洪大容所有的思想体系,《林下经纶》提出的是其经济之学构想出的有关政治制度、兵制、田制、学制等方面的社会制度改革理论,《筹解需用》则使大家看到象数学与量田、审律、制历之间的关系,而且展现了其在现实中的应用。

(三) 词章之学

词章之学是包括文学在内的整体文章学。洪大容认为如果不讲求义理,词章之学中的文学与文章学就难免失之于浮藻,变得轻薄而不实。洪大容在北京前门外的乾净胡同约会中国学者严诚、潘庭筠时,曾写道:"东儒之崇奉朱子,实非中国之所及。虽然唯知崇奉之为贵,而其于经义之可疑可议,望风雷同,一味掩护,思以钳一世之口焉,是以乡原之心望朱子也。余窃曾病之,及闻浙人之论,亦其过则过矣。唯一洗东人之陋习,则令人胸次洒然也。"[①] 当时朝鲜朝的腐儒们崇奉朱子有中国文人所不及之处。他们望风雷同、一味掩护,而全然不问经世致用和正德利用厚生的古训,遂使朱子学变成了"玄虚""浮藻""乡愿"之学。洪大容虽反对性理学者"其于经义之可疑可议,望风雷同,一味掩护"的教条主义,但也反对治经"专务章句""无补于世"的文牍主义。[②] 洪大容认定只有经世致用、利用厚生的义理与词章为一,才能产生"经世济民"的有用之学。

洪大容作为当时拥有各种先进思想的文人,与许多文学家为友,留下了一些著作。他还像批判流于空谈的性理学那样,毫不客气地批

[①] 洪大容:《湛轩书》外集卷三《乾净录后语》,第290页。
[②] 葛荣晋主编《韩国实学思想史》,第16页。

判文章之学。① 他规劝友人"敛华而就实，舍文藻以明道术"，② 认为崇尚文章的风气实际上就是为了通过科举立身扬名，最终结果必将会是放弃为国效劳的实用之学。与之相关，他对科举表现出不赞成的态度。他在燕行途中遇到的沙河的店主郭生，就是他这一思想的直接代言人。当译官问郭生"身为店主，奚暇读书，且既不应举，读书将何用？"时，郭生笑曰："虽为店主，亦有店铺以代薪水之劳，岂无暇读书乎？且读书各有意趣，岂从应举而已乎？"又对"……读书而不求官，食从何出"的问题答道："贫富有命，贵贱有时，求之而不可必得，去之而不可避免。富贵虽可乐，忧亦随之。贫贱虽可忧，乐在其中。游心经史，聊以自娱，勤其四礼，何患无食？"③ 一直在旁静听谈话的洪大容大为感动，认为郭生之言正是自己科举观的真实写照，进而失声称奇，将延坐与语，直到随行都离开后才怅然若有所失地跟至。

洪大容说："曾曰读书，若不于吾身体验，则未免书自书，我自我，终无实效。每读一章，辄自内省，吾于此句分上，行得几分乎？已行得一分，则又求进得二分，勉勉不已，然后真积力久，自致成熟。"④ 认为只知道一味地读书，不知将书中内容与实际相联系，自然收不到任何效果。而与此相反，若从书中不断地悟出道理为我所用，最终就能成为真才实学。接着用"语学者曰：读书勿以记诵为念，勿以寻摘为事，唯酷好不已，则自然不忘，自然需用"，⑤ 传达不要以模仿与摘抄为技巧，要以身心来感悟文章之思想和从中得到借鉴与启示，将自己的真心付诸创作之中的信息。他还说："圣贤

---

① 洪大容：《湛轩书》内集卷三《绘声园诗跋》，第118页。
 "事莫切于身心，而骚墨为下。"
② 洪大容：《湛轩书》内集卷三《绘声园诗跋》，第118页。
③ 洪大容：《湛轩书》外集卷七《沙河郭生》，第316页。
④ 洪大容：《湛轩书》附录《从兄湛轩先生遗事 洪大应》，第430页。
⑤ 洪大容：《湛轩书》附录《从兄湛轩先生遗事 洪大应》，第430页。

第二章　洪大容的思想体系

之文章，岂不诚粲粲而未曾有意于文，自然成章矣"，① 指出圣贤之文之所以闪光不是因为他们志在文中，而是经多年的思考后写作的文自然成章而已。这与他本人所倡导的实心、实学、实用之学问观是相一致的。

洪大容"平生不喜作诗律，所吟咏者不过古体若干篇而已。每读书，文义不求甚解，见多阔看处"。② 从他屈指可数的若干篇诗作可见，他的诗作都不受字数或句数的限制自由拉长，证明比起当时以杜甫诗为代表的新体诗，他更喜欢古诗或赋。萧统（501~531）的《文选》自统一新罗时期开始成为朝鲜科举考试的科目，并对朝鲜的汉文学产生了重要的影响。正如作者萧统在绪言中所讲，整部书收入的主要是沉思、翰藻的内容与形式之文。而洪大容将这本书作为学诗的工具，就足以证明他喜欢古体诗的文学倾向。

洪大容虽没有过多涉及文学，但其在《大东风谣序》③ 中的"歌论"成就甚至超过了朴趾源。④ 他身为士大夫却将当时士大夫皆关心与擅长的诗歌搁置一边，开篇就对何谓"歌"进行界定，即"歌者言其情也。情动于言，言成于文，谓之歌。舍巧拙，忘善恶，依乎自然，发乎天机，歌之善也"。⑤换句话说，歌就是言情，从情出发落定为文，而"依乎自然，发乎天机"的歌是最好的。洪大容认为歌就是民谣，继以民谣的普遍之价值承认现实的民族文学，并对汉诗与朝鲜诗歌的关联展开了论述。"诗之所谓风者，固是谣俗之恒谈"，⑥ 表明了世间流行的话直接成为歌的自然之过程。他认为民谣比汉诗更为

---

① 洪大容：《湛轩书》附录《从兄湛轩先生遗事　洪大应》，第430页。
② 洪大容：《湛轩书》附录《从兄湛轩先生遗事　洪大应》，第430页。
③ 据传《大东风谣》是洪大容编撰的歌集，现已失传，而《大东风谣序》是歌集的绪言。它因被收入在洪大容的文集中，故现仍可看到。
④ 〔韩〕赵东一：《韩国文学思想史试论》，韩国知识产业社，1998，第246页。
⑤ 洪大容：《湛轩书》内集卷三《大东风谣序》，第114页。
⑥ 洪大容：《湛轩书》内集卷三《大东风谣序》，第114页。

真实的依据不仅仅在于语言条件，更在于百姓活生生的生活现实，即"天机"。由此可以总结出，比起《诗经》，由朝鲜俗语编成的歌更具有天真之情。

洪大容没有直接论述民谣，而是通过《诗经》间接地表达了对民谣的见解，并认为发散于民谣的天机也应该在汉诗中有所显现。他的"情动于言""言成于文"的表述，其实就是他本人"理气不二，性情不离，气动辄，情发乎自然"的思想革新内容。洪大容欲将从民谣中获取的成果应用到汉诗中，将两者一起收入民族文学中。所以对他来讲，民族文学超出民族语言文学的范畴，具有了更广阔意义上的"民族文学"之意。

第三节 社会观

朝鲜朝社会到了18世纪中叶以后，社会关系发生了深刻的变化。士大夫阶层与庶民阶层的对立关系依然存在，但士大夫阶层内部产生了分化，新近出现了很多"士"阶层。朴趾源曾对士大夫阶层的分化定义为："读书曰士，从政为大夫。"[①] 因分化是由有限的官位和源源不绝的官吏候补者之间的矛盾引起的，所以士大夫阶层从一开始就经历了社会现实的洗礼，而士大夫阶层内部便产生了世袭的贵族阶层与失意的"士"阶层。洪大容作为"士"阶层中的一员，他的出身与经历当然也带有明显的社会烙印。

洪大容倾其一生认真思考实用哲学，从宇宙、自然的角度重新确立了华夷观，并通过仅有的一次燕行经历不仅验证了早已成形的诸多哲学思想，还提出各项针对时弊的改革措施。他回国后，将燕行途中所见的文明景象记录成册，翔实地介绍给朝鲜百姓，并结合朝鲜的实

---

① 〔韩〕朴宗采：《过庭录》卷一，韩国《文学思想》，1974。

际提出学习和借鉴清代文明的各项主张。他的这些努力皆出自对国家、民族、社会的一种责任,更突出地体现了作为有知识与良知的士大夫所肩负的社会责任感。

(一) 华夷观

在朝鲜历史中根深蒂固、对整个社会的发展产生重大影响的"华夷观",综合起来大致分为两种,即包括文化华夷观、种族华夷观、地理华夷观在内的广义的华夷观与只考虑文化主宰因素的狭义的华夷观。[①] 众所周知,以儒教的"华夷观"为基础的"文化辐射论"是中国士大夫的文化意识。它是以华夏文化的对外渗透为特点的,本质上是华夏文化中心主义。中国文化,尤其是华夏文化对朝鲜文化的发展确实起到了积极作用。然而不能否认的是,在长期接受与吸收华夏文化的过程中也出现了一些弊端,即中国文学、文论对朝鲜文学、文论的辐射影响制约着朝鲜文化的发展。朝鲜文学、文论在借鉴和效仿中国文学和文论的同时,朝鲜民族文化的内在生长机制受到限制。这种限制压抑了本身的特点,促进了外来因素的发展,使朝鲜文学、文论在很长一段时期内受到强势中国文化的冲击。事实证明,朝鲜民族文化的发展成为简单的复制而丧失创造力。[②] 在朝鲜朝社会中,由于封建士大夫阶级盲目崇拜"华夷观",从而形成了一种文化事大主义,它在文化意识上的表现就是严重的附会性与单一的选择性。[③] 他们将所有意识形态的标准向中华看齐,认为中华的标准放之四海而皆准。而以洪大容为首的北学派脱离当时在固有的"尊明攘夷"思

[①] 为了切合主题,本书只涉及狭义的文化上的华夷观,而种族华夷观和地理华夷观将留作今后思考。

[②] 陈蜀玉:《比较文学影响研究中辐射方式的个案分析——以中国文学对朝鲜文学的影响为例》,《西南民族大学学报》(人文社科版) 2003 年第 11 期,第 165 页。

[③] 金柄珉:《朝鲜中世纪北学派文学研究》,第 21 页。

想旗帜下自封朝鲜为"小中华",而排斥清朝的社会主流倾向,目睹清朝百年的繁荣盛世,唤起了人们意识上的觉醒。洪大容更是通过燕行经历,亲身感受清朝社会各方面的真实状况,并清楚地看到清代的先进文明,进而从中得到启发与借鉴,提出诸多针对时弊的改革主张。

正因为文本所包含和传播的形象与历史、社会、文化语境有着如此密切的关系,形象研究就不能使阅读简单化,就一定要从文本中走出来,要注重对创造了一个形象的文化体系的研究,特别要注重研究全社会对某一异国的集体阐释,即"社会集体想象物"。①

洪大容吸收西方的宇宙无限论,克服了地球中心论,也摆脱了以中国为世界中心的华夷观,主张"域外春秋论"的同时,肯定了各国自我中心论,最终得出"人物均""华夷一"的结论。他针对当时朝鲜社会盲目自尊自大的弊端,指出:"且中国之于西洋,经度之差至于一百八十。中国之人,以中国为正界,以西洋为倒界。西洋之人,以西洋为正界,以中国为倒界。其实戴天覆地。随界皆然,无横无倒,均是正界。"② 这是借以地动说为核心的宇宙运动观与以此为基础的民族平等思想表现出的对华夷观的批判与否定。

洪大容的华夷观可以分为燕行前、燕行后、晚年三个发展变化阶段。他在《答韩仲由书》一文中,基于清朝作为外夷强迫朝鲜臣服的事实,明确表现出支持对明义理论与斥和论的态度。他说:"我国之服事大明,二百有余年。及壬辰再造之后,则以君臣之义兼父子之恩,大明之所见待,我国之所依仰,无异内藩,而非他外夷之可比也。夫金汗之称兵猾夏,乃大明之贼也。……苟令当日朝廷,皆能舍生仗义,以三学士之心为心,则纵不必扫荡北庭。以殿天子,其闭

---

① 孟华主编《比较文学形象学》,第7页。
② 洪大容:《湛轩书》内集卷四《医山问答》,第148页。

关绝约,坚壁自强,则恢恢乎有余地矣。"① 这是他在燕行之前具有的华夷观。燕行归来后,他不仅在《与金直斋钟厚书》一文中,以"康熙以后与民休息,治道简俭,有足以镇服一时。其耳目习熟,安若故常,百有余年。则华人之不能引义自废,奔驰于车弓之招者,亦不必深责也"② 表明对清朝的肯定,还在《又答直斋书》中写道:"夷狄之所以为夷狄者,亦何哉?岂非亦无礼义无忠孝性好杀伐而行类禽兽哉……(清)久居中国,务其远图,稍尚礼义,略仿忠孝,杀伐之性,禽兽之行,不若其初起之甚",③ 以此认同了清朝社会的巨变。洪大容通过赴清之行从儒教角度出发清楚地认识到清人崇尚礼仪,提倡忠孝,同过去人们心目中的夷狄有着本质上的区别,不可同日而语,因此满族人不能被称为夷狄。他们既可成为圣人,也可成为贤人。再加上,朝鲜本身长期以来也被中原人称为夷狄,那就更没有理由把清人称为夷狄,而把自己看作是继承中华传统文化的"小中华"了。不得不承认,该论述体现了洪大容对清朝社会认识的积极变化。

由此可见,他的对明义理论与对清意识以燕行经历为分界线,具有了前后不同的明显变化。但这还不足以说明他对清朝的认识产生了绝对性的转变。例如,他在《又答直斋书》一文中使用的"不幸沦没,臣服胡戎""使三代遗民圣贤后裔,剃头辫发,同归于满鞑,则当世志士悲欢之秋"④ 等措辞,间接证明他在思想深处仍将清朝视为外夷。

洪大容在晚年的著作《医山问答》中体现的华夷观,就与先前的认识有着本质区别。他的"夫地者,水土之质也,其体正圆,旋

---

① 洪大容:《湛轩书》内集卷三《答韩仲由书》,第97~98页。
② 洪大容:《湛轩书》内集卷三《与金直斋钟厚书》,第99页。
③ 洪大容:《湛轩书》内集卷三《又答直斋书》,第103页。
④ 洪大容:《湛轩书》内集卷三《又答直斋书》,第104页。

转不休，淳浮空界，万物得以依附于其面也"，① 打破以往从地界所讲的华夷观，认为地球是球体，还可自转，且淳浮于空中。他还认为宇宙无限、地球无中心，即"夫地界之于太虚，不吃微尘尔。中国之于地界，十数分之一尔。以周地之界，分属宿度，犹或有说，以九州之偏硬，配众界，分合传会，窥觇灾瑞，妄而又妄，不足道也"，② 认为从宇宙无限说与地球自转说视之，地球是很渺小的，所以将中华放在中心位置划分天界的"分野说"当然也无立足之地。这些都足以证明地球是方体、不运动、中国在其中心，而中国周围的国家都是夷狄的世界观之破灭。他虽然否定了地理上的华夷观，却强调地理位置在历史中所起的作用，以"冀方千里，号称中国。负山临海，风水浑厚，日月清照，寒暑适宜，河岳钟灵，笃生善良"，③ 表明因地理之故中国聚集了很多精气，因而涌现出很多仁人志士。

洪大容将草木、禽兽、人之性都一致的对等理论适用到人际关系中，体现了不论是农民还是商人之子只要兼具才能和学识皆可步入仕途的人类平等观。在此基础上，他又在《医山问答》中通过虚子和实翁的一段对话，即虚子曰："孔子作春秋，内中国而外四夷。夫华夷之分，如是其严。今夫子归之于人事之感召，天时之必然。无乃不可乎？"④ 实翁曰："天之所生，地之所养，凡有血气，均是人也。出类拔萃，制治一方，均是君王也。重门深壕，谨守封疆，均是邦国也。章甫委貌，文身雕题，均是习俗也。自天视之，岂有内外之分哉？是以各视其人，各尊其君，各守其国，各安其俗，华夷一也"，⑤ 犀利地批判当时朝鲜朝统治阶级视满族为外夷，不承认清朝的盲目事

---

① 洪大容：《湛轩书》内集卷四《医山问答》，第147页。
② 洪大容：《湛轩书》内集卷四《医山问答》，第153页。
③ 洪大容：《湛轩书》内集卷四《医山问答》，第160页。
④ 洪大容：《湛轩书》内集卷四《医山问答》，第162页。
⑤ 洪大容：《湛轩书》内集卷四《医山问答》，第162页。

大主义。认为各自为国、各尊其君、各安其俗是自然之理，所以在各自立场视之这些皆应都是"华"。在他看来，所有国家的文化原则上都是平等的，都顺着自己的主体性发展，所以朝鲜只要实现"华"文化，就可以与中国完全平等。而每个种族都具有实现这种"华"文化的可能。由此，他果断地揭露了根植于当时社会内部的"用夏蛮夷"的严重本质，号召大家尽快从该蒙昧意识中醒悟过来。总而言之，他所想的"华"的实质其实是基于他个人儒教观的理想文化。洪大容将区分主体与他者、视内与外为当然之理，力倡国家主体性的主张，对克服突出绝对意识的中世纪思想，树立具有近代取向的觉醒意识是相当必要的。

洪大容还鼓励朝鲜的学者对天文、自然现象进行研究，对宇宙中的地球及地球上中国所占的位置进行研究，证明地理上的中国不是正界。此外，他还根据"人物性同说"认为不应把"禽兽"与人类相区别，他否定人类的自我优越感和礼乐制度的绝对性，并认为应当承认各国文化的个别与特殊性，而不应一概而论。就是从以中国文化价值为中心的"华夷论"观点看，朝鲜与满族同属夷狄，因此，朝鲜人不应蔑视满族而只看重自己。再从历史发展的实际情况看，强调礼乐制度的明朝的堕落和清朝的勃兴都是历史发展的必然，因而吸收优秀的清文化是顺理成章之事，不应被斥为异端。

综上所述，洪大容认为"华夷论"的陈腐观念是站不住脚的，必须加以排除。朝鲜人应该适应时代发展的潮流，学习并吸收中国的先进文化。他在民族平等的基础上主张接受清代文明，实际上与朝鲜历代统治者的对外文化意识有着明显的差别。朝鲜历代统治者的对外文化意识可以概括为对华夷论的绝对崇拜导致的"文化慕华论"①。

---

① 以对华夏文化的选择和接受为主要目的的文化意识。参见金柄珉《论洪大容的哲学思想和文化意识——以〈医山问答〉为中心》，《东疆学刊》2011年第1期。

而他对清朝文明的向往出自否定由夷狄建立的清朝文化,将清朝文化视为中华文化的认识。即,将作为统治阶级的清朝与中华文明区别看待,客观认识清代文明,进而提出接受清代文明的崭新的社会理念。

(二) 文明观

洪大容意识到当时社会的落后与腐朽,皆因统治阶级固守的华夷观及空洞的社会学风所致,所以拟要改变社会,重塑朝鲜社会的纲纪,就必须学习与利用国外的先进文明与治国经验。因此,他放眼清朝、放眼世界,认真细致地观察和探索每一个现实文明,结合自己多年的认识与思考,提出各种经世致用的现实改革主张。他利用入燕活动机会,密切关注清代社会商业、工业的发展与货币流通,以及对外贸易与技术革新,并且根据自己耳闻目睹的现实状况著书立说,阐明了崭新的社会指向与文化意识。

"文化认同"是人们在一个民族共同体中长期共同生活所形成的对本民族最有意义的事物的肯定性体认,其核心是对一个民族的基本价值的认同,是凝聚这个民族共同体的精神纽带,是这个民族共同体生命延续的精神基础。因而,文化认同是民族认同、国家认同的重要基础,而且是最深层的基础。但当该"文化认同"由于社会的弊病而部分动摇时,有些有识之士就会试图寻找解决弊病的对策,以此来弥补影响文化认同的缺陷。而作为"他者"对某一对象国的文化产生认同时,其态度与行为就会与其有较大不同。他们会试图从异国文化中汲取产生文化认同的各积极要素,努力将此借来使用。洪大容对中国文明的向往与借鉴,正体现了该认同的具体实践。

在洪大容的著作中,文明观不仅通过社会整体发展概况显现出来,而且更多地反映在他具体介绍和描述的生产工具、生活用具以及与百姓生活息息相关的新式器物中。也许只有通过这些眼见为实的新事物，才能更清晰地反映百姓生活的质量与社会文明的发展水平。

洪大容在来华之前就对天文、律历、机械等应用之法颇感兴趣，来华后这些更成为他关注的重点对象。这也体现了他所具有的经学致用、利用厚生的实学思想。在《燕记》中，洪大容较详细地记录了在华期间耳闻目睹的知识，如天文、机械、造纸、纺织、冶炼等，描述内容之详细与丰富正反映了他对这些领域的浓厚兴趣。例如，他对在沈阳见到的造纸方法有如下描述："沈阳见造纸处，置大石磨，黄水满其中，驾三马以研之，研尽者帘取如我国法，傍砌砖墙，虚其中而炽其炭，两面土温炕，传温纸，顷刻干落，盖为冬用也。"① 尤其值得一提的是，作者在其游记的第四部分分类介绍在中国所见到的事物时，专门辟出一节来介绍中国的器用，其中包括马车、独轮车、扁担、轿子、船只、运河、洒水铜车、驴拉碾、风柜代箕、棉车熔冶之具、铸模、捣练布锦等。如在介绍船的制造使用时，作者这样写道："船制益精致，其在通河见海行漕。船上为板屋，油粉以涂其隙，板门仅容数人，荡橹、收获皆在屋中，盖出于蒙卫古制，不惟风涛之无患，用以水战，东国之龟船也。其屋下亦设板厅，坐卧干净，来往甚便，此则虽川河小字皆然，大抵中国器物专事便利，不如东俗之苟率也。其斥流之船，曳缆紧帆，竿上端其津，船不用橹，两岸字施缏索，挽索以进，其载车，施双板轮，行如平地。通河多浮桥，横叠大航两头，各有铁环，以大椽，打之架板，聚土于其上。虽当夏潦，随水浮沉不患圮，垫行旅不阻，此航桥之利也。"② 对船适用于军事、日常生活等的实用功能，以及船可航行的原理、船的制造过程与船体

---

① 洪大容：《湛轩书》外集卷八《沿路记略》，第347页。
② 洪大容：《湛轩书》外集卷十《器用》，第406页。

结构进行了较详细的说明。

在介绍中国的器用时,作者还提到一种有趣的工具——洒水铜车。"其洒水铜车,大筒以受水,数石中置,三小筒鼎立而有足,中筒差高含曲管,嘴长丈余,筒旁各有水户以通两筒,铜叶以掩之,令随水开闭,两筒之底亦各有户,亦具铜叶,两筒有铜盘,恰满无欠,剩盘心立铁柱高出筒口,上有横木,并架两柱,别有柱撑其腰,令其游移。一人持横木互两柱而冲之,两筒之盘迭相上下。当其上也,底户开而吸水;当其下也,底户之铜叶已闭,已吸之水从傍户而泻于中筒,左筒既泻右筒,继之中筒之水不得不从管嘴喷出矣。其管嘴亦令游移,底昂四向,惟所欲嘴口别施铜匣,有数种匣,穴有大小,穴大则上水多而不能远,穴小则上水小而远倍之。其义穿细穴者,廉织飞散,故可以灌田,可以救火,可以烧禾,谷水机之上品也。"① 洪大容用简洁、易懂的语言认真详细地介绍了洒水铜车的结构、原理与用途。相信如没有对机械的先知,一般人是看不出所以然的。但洪大容因为早已具备机械方面的各种常识,所以当他看到这些新鲜事物时,就能够毫不吃力地讲解其中的原理以及用途,为后人所理解与使用。

洪大容来华之际欧洲天主教已传入中国,随传教士们一同进入中国的还有欧洲的天文、历法与一些机械装置,而与天主教相比,这些更吸引了洪大容的兴趣。刘松龄、鲍发官是当时北京城里的西方传教士。洪大容抵京后想尽办法两次拜会他们。其主要目的就是为一观传教士拥有的西洋器物,结果如愿以偿。这些西洋器物开阔了他的眼界,加深了其印象。对此,他的游记中多处有所记载。例如,他是这样描述亲眼见到的自鸣钟的:"请见自鸣钟,刘引至庭南,有小阁,上为楼。楼北铁锤垂下,重可数十斤,机轮激转,铮铮有声,悬巨钟

---

① 洪大容:《湛轩书》外集卷十《器用》,第407页。

一,楼中皆震。有胡梯可二丈,天窗仅容一人,刘只许余上去。余遂脱笠上楼,见其制甚奇壮,非小钟之比,轮之大者,可十数圈有余,傍悬六小钟,皆有槌,所以报刻也。铁竿横出楼南外,打大圈周分时刻,竿头有物而指之,大略如此。"[1]

洪大容在文中还提到了望远镜,"镜制青铜为筒,大如鸟铳之筒,长不过三周尺许,两端各施玻璃,下为单柱,三足上有机,为象限一直角之制,其柱之承机为二活枢,所以柱常定立而机之低昂,回于惟人所使也。柱头坠线,所以定地平也,别有糊纸,短筒长寸许,一头施玻璃两层,持以窥天,黯淡如夜色,以施于镜筒,坐凳上,游移抵仰以向日,眇一目而窥天,日光团团恰满筒口,如在淡云中,正视而目不瞬。苟有物,毫厘可察,盖开器也"。[2] 此外,文中提到的还有闹表、西洋笔、眼镜等。众所周知,洪大容来自西洋器物甚为罕见的朝鲜,且自幼喜好天文、数理,对各类仪器又甚为好奇,所以当他通过燕行目睹这些新颖、别致甚至有些神秘的西洋之器时,对它的制作原理、用途、运行原理等的好奇与接二连三的疑问就不足为奇了。

洪大容此次来华的目的在于"一观中国",开阔眼界,从而更好地反思朝鲜国内之落后。抱着该目的,他在观察中国之时,时刻注意总结中国的特点。例如,中朝两国在生产、劳动与观念上的差异。作者提到中国"大规模细心法"的特点是,"永平府以西,野田半是楮叶,闻叶饲蚕,皮为纸,种之可以代耕耘。其列植整直,无丝毫委屈,此中华素性,不由安排,其大规模细心法,岂易言哉"。[3] 甚至小小马粪叉也给作者留下了深刻印象,"路上拾马粪者相望荷篑,持四枝小铁叉,微曲如掌指,见马粪则有纳之如用手,务农勤啬可见。

---

[1] 洪大容:《湛轩书》外集卷七《刘鲍问答》,第301页。
[2] 洪大容:《湛轩书》外集卷七《刘鲍问答》,第302页。
[3] 洪大容:《湛轩书》外集卷七《刘鲍问答》,第351页。

其粪堆皆有样子，圆中规、方中矩，三角中勾股，穹者如伞，平者如叶，清润如涂壁，终未狼藉倾斜者。华人之用心自来如此，如郭有道，旅舍必洒扫，武侯行阵，溷厕亦有定夺者，又何足为奇耶！"①看似毫不起眼的马粪叉，对抱着向清代文明求学心态而来的洪大容来讲，也是不可小视或不愿错过的研究对象。他用这一细小工具来反映中国人的生产劳动，同时间接体现他们务实、勤奋的劳动作风，更肯定了他们不分贵贱的劳动观念。当然，诸如此类对清朝社会从大到小、从人物到器物的关注与介绍，与其经世济民的学问倾向有着不可分离的紧密关系。

综上所述，洪大容不仅关注清朝的政治、宗教、道德等社会意识形态，更将目光定位在与百姓生活紧密相关的新生事物的出现及用途上，力图从社会发展与进步带来的物质文明角度切入，了解并钻研这些新仪器与用具的原理、用途；不仅设法掌握其制作工序，还通过这些新事物来反映清朝社会繁荣背景下的生产、生活方式的进步，清晰地呈现了清朝社会经济发展的显著成果，为"北学"思想的构建提供了有力依据。

（三）教育观

朝鲜朝社会的学校教育就是以文艺为主的备考科举的过程，与之相反，创造财富的技术教育是备受歧视的。职业教育与技术教育被视为杂学，常常被忽略，只允许中产阶级以下的子弟参与其中。有关部门也是只选拔必要人员，让其学习指定的一门相关科目。

经历壬辰倭乱与丙子胡乱之后，朝鲜朝的社会教育不顾惨淡的社会现实，以礼论与性理空谈为主，形成了形式主义的风气。它不仅被党派论争利用，还给学校教育与科举制度带来严重的危害，致使教育

---

① 洪大容：《湛轩书》外集卷八《沿路记略》，第350页。

改革成了当时迫在眉睫的社会问题。李珥、柳馨远、李瀷等人针对当时的教育弊端，纷纷提出改革教育的主张。他们的思想直至18世纪后期直接影响到洪大容，洪大容对其进行了继承与发展，并具备如下特点。①

第一，主张实施初级义务教育，所有国民可以平等地享受教育机会。洪大容打破教育机会由部分特权阶层独享的社会现实，主张废除依据身份、地域之差形成的教育歧视现象。他提出的"面中子弟八岁以上，咸聚而教之。申之以孝悌忠信之道，习之以射御书数之艺。其有茂才卓行，可以需时适用者，贡之于司。司之教官，聚而教之，举其最而以次升之……"②，这些都是李珥主张的教育机会平等、注重实践教育的延续。在此，他不仅依据身份制的废除提倡教育的全面开放，还间接地抨击科举弊病，积极主张实施以提高能力为主的教育。

第二，指出科举制给教育带来的问题与弊端，主张实施可根据能力升学，还可举荐为官的贡举制。洪大容通过"凡人品有高下，材有长短。因其高下，而舍短而用长，则天下无全弃之才……其志高而才多者，升之于上，而用于朝；其质钝而庸鄙者，归之于下而用于野；其巧思而敏手者，归之于工……"③，他提出的教育机会均等、打破身份界限、实行唯才是用的教育主张，清楚地表明其注重实践与实用的职业教育观。而该主张实为先人李珥提出的教育思想之延续。李珥曾经指责奴隶受身份制约，在社会上受到压制的现实，指出人无亲疏、贵贱之分，即使出身卑微，只要有才皆应被视为人才。由此可见，洪大容主张的扩大教育机会、不经科举而是根据能力与人品举贤为官的建议，实为李珥思想之继承与延续。

---

① 〔韩〕尹昌淑：《湛轩洪大容的教育思想研究》，韩国梨花女子大学硕士学位论文，1980。
② 洪大容：《湛轩书》内集卷四《林下经纶》，第137页。
③ 洪大容：《湛轩书》内集卷四《林下经纶》，第137页。

第三，一改过去对科学技术教育的藐视，强调作为学问基础的数学以及天文、地理等实用的自然科学教育。洪大容认为以性理学为主的经书讲解，不是实际生活所需和可利用的学问，西方科学较之东方先进是因为数学突出。而数学包括从一般算术到代数、几何，从九九乘法的计算到对天体的观测等较广泛复杂的领域。他编著的《筹解需用》① 对此有详细的说明。洪大容在当时朝鲜朝社会藐视技术的风气下，不顾朝鲜国内与较早接受西方文明的清朝友人的劝阻，② 将技术学提升到精神世界的终极高度。他在培养实用人才的教育内容中加入科学技术，并将其视为正学的主张，直到今天也应得到肯定。

第四，不切实际的儒教教育是两班阶级游手好闲的习性，它吞噬着社会经济，致使百姓受尽苦难。鉴于此，洪大容主张实行实践教育，让所有百姓都参与力所能及的劳动，以此激发国民的劳动热情。他针对当时社会将两班阶级视为特权阶层，准许他们不参加劳动，质疑道："我国素重名分。两班之属，虽颠连穷饿，拱手安坐，不执末耜。或有务实勤业，躬甘卑贱者，群讥众笑，视若奴隶。游民多而生之者少矣，则安得不窭，而民安得不贫也。"③ 他猛烈地抨击歧视并躲避劳动的两班特权阶层，提出打破身份界限的四民平等思想，并主张使用法律的强制手段根除两班游民阶层。为了消除门第与地域之差，他还提出建议，积极主张应将朝鲜八道的土地平均分配给百姓，只征收 1/10 的契税，④ 以此保障下层人民的生活。

第五，主张建立从初级教育机关"斋"到最高学府"太学"的

---

① 洪大容:《湛轩书》外集卷四、五、六《筹解需用》。
"总例：步乘法、因法加法、商除法、归除法、九归法……"
朝鲜社会科学院出版社 1965 年版《湛轩书》中未收录《筹解需用》。现可查找的资料为韩国学中央研究院"藏书阁"所藏本。
② 洪大容:《湛轩书》外集卷十《爱吾庐题咏》之《龙水阁记》，第 432～433 页。
③ 洪大容:《湛轩书》内集卷四《林下经纶》，第 138 页。
④ 洪大容:《湛轩书》内集卷四《林下经纶》，第 135 页。

具有连续性的系统教育体制。他以"……其有茂才卓行,可以需时适用者,贡之于司。司之教官,聚而教之,举其最而以次升之。至于大学之教,司徒掌之。听其言而观其行,考其讲而试其才,每于岁首举其贤者能者于朝,授之以职而责其任。才高而官卑者,以次而升之,其不能者斥之",① 不仅明确指出从基础教育到高等教育过程中的阶段性教学设置,还与其任人唯贤的人才观相呼应,提出不经科举考试照样可以选拔人才的废除科举新方案,更明确寄希望于经贡举方式被举荐的官吏,绝不要成为随意掠夺农民的贪官污吏。

第六,主张摆脱以中国为中心的华夷观,提倡实施兼具民族性的教育。这在教学中体现为脱离以中国为中心的教学内容,学习本民族的语言、历史和地理。他从自然科学知识出发,认为中国只是地球的一小部分,中国与西方的正倒界之说不是依据某个基准来划分的,因而也无华夷之分,进而主张国家之间是平等的。认为国家间平等的世界观使他具有了对本民族的自我认识,从而影响了他对本国历史的关注。他主张从檀君、箕子、三韩・三国时代到高丽与朝鲜王朝的历史正统性,对本国历史相当自负。但他的民族意识并不只限于地理与国史教育,"东国别有谚字,有其音而无其义,字不满二百而子母相切,万音备焉。夫人及庶民不识字者,并用谚字,直以土话为文。凡简札簿书契券,明或胜真文,虽欠典雅,其易读而适用。未必不为人文之一助"。② 这一论述体现了他对朝鲜固有文字的自豪,由此突出了民族自觉意识与主体性。

第七,将女人视为具有独立人格的人,主张有必要对她们实施教育。打破过去将女人视为家中奴隶的不成文规定,承认女人的独立人格与地位。洪大容借用韩文通俗易懂的特点,激励妇女学习自己本民

---

① 洪大容:《湛轩书》内集卷四《林下经纶》,第137页。
② 洪大容:《湛轩书》外集卷一《与汶轩书》,第209页。

族文字的同时，针对社会上将女人改嫁视为有失贞操而应受到谴责的共识，以"其人既染于俗，不能保其贞信则任之而已。所谓以众人望人者然也，必欲强挽而不遣，则未稍安知无甚于改嫁者乎"，① 明示了不劝不纵容的态度，进而提出赋予她们自行选择的权利。他还说："丈夫而能如尧舜者鲜矣，女子之如妊娠者岂易得哉"，"唯苟不至于下愚，则为丈夫者务尽修身正家之道，并行恩威，以感导之"，主张不能只强求女人严守妇德，而应将女人视为与男性平等的独立存在，承认女人的社会价值。该主张与先前提到的教育面前人人平等思想相呼应，不仅具体说明了女性作为独立人格体同样享有受教育的权利，还史无前例地涉及女性解放的问题。

总之，他认为要想给所有人创造平等的地位，只有教育先行。而对于每个人来讲，基础教育是根本，初级义务教育是关键。比起教授应付科举的经书，更应倾向于实用、经济之学，服务于民，造福于民；且不分等级让百姓参与劳动，在实践中积累知识与能量；主张建立系统的教育体制，摆脱华夷思想，让百姓接受包括韩文在内的具有民族特点的教育内容，唤起民族自觉意识；女性作为独立人格的存在，应与男性一同受教育，最终实现个人的社会价值等。从社会现实出发倡导的这一教育思想，在文明程度相当发达的今天都极具正当性与合理性。

---

① 洪大容：《湛轩书》内集卷二《桂坊日记》，第71页。

第三章 洪大容的诗学理论

实学是一股爱国启蒙思想，是在封建社会末期动摇、崩溃的危机中展望新的社会，意欲改变社会现实的进步思想。实学家理想中的国家形象是具有民族主体性，人民不分身份、不受地位限制，人人平等。虽然实学家为此付出过努力，但理想和现实之间总是有一道无法逾越的鸿沟。究其原因当属作为改革主体的市民阶层的未成熟。所以针对市民群体进行启蒙和教化，自然成为朝鲜朝中后期社会的首要任务。

洪大容作为主张实学的思想家和文学家，很多思想都源自对社会现实的深入剖析和尖锐批判。在当时较为保守的封建统治下，针对时弊提出的各类主张不会是直接、露骨的，撰写的文章与情节也多具有想象和联想空间。所以，体现他的先进思想和实用精神的诗学理论以及各类文章自然都具有较深刻的思想内涵，从形式上看却营造出一种隐蔽世界的氛围。事实上，其诗论主张具有创作内容和形式风格两方面的具体内涵。在内容上，强调"依乎自然，发乎天机"，不重雕琢和推敲，强调直抒真情实感；而在形式风格上，强调不拘泥于诗歌的清规戒律，做到随意书写和自然抒情，更要将真情实感浓缩进诗歌，形成一股健康自然的风格。他的诗学理论切中时弊，高举实学的旗帜，启蒙和教化尚不成熟的市民阶层，唤醒他们的社会意识，蕴含了较深刻的社会内涵。

作为北学派的领军人物，洪大容继承经学派的实学思想，在文化意识方面将"务实"实践到了极致。针对当时社会在程朱理学影响下形成的浮华文风和形式主义，他反对清谈空论的文牍主义，坚持走现实主义道路。认为文章应"依乎自然，发乎天机"，是发自内心的真情实感表白；批评要"破文饰，露真情"，重点评价是否真实、自然；创作要"舍主情，求真实"，品评是否不拘于形式和格套、自然流畅。通过该理论主张，对社会上流行的文学艺术领域的浮夸、雕饰、虚伪之风进行彻底批判，强调重"情"而薄"理"的实学内涵。当时，以正祖为首的统治阶级支持"文必秦汉，诗必盛唐"的拟古派，倡导"纯正的文风"。而洪大容反对拘泥于形式格套的旧体诗，追求能够自然抒发个人真情的新体诗，反对当时人们热衷的模拟古体的诗歌倾向，主张发明和创造不受约束地抒发自然之情的新文体。虽然新文体未经其手产生，但从其"反拟古，倡创新"的理论主张，可以窥见他反对今世之诗风，提倡发明类似于汉魏五言古体但又区别于它的新诗歌形式。

洪大容始终以唤醒民众意识、提升百姓社会意识为己任，拟通过使用各阶层百姓皆能接受的民族文字进行创作，反映平民百姓的生活，扩大民族文学的读者层，始终坚持主体意识下的民族文学论。他认为文学应随时代变化而变化，在语言上使用言文一致的民族语言。朝文版《乙丙燕行录》正是其理论的具体实践。这也和他曾在《大东风谣序》中指出的"深得风雅之传统使诗语简单易懂、含义温厚而又明显，以至于妇女和孩子都可听而知之，这就是诗教达到的最高境界"[①] 一脉相承。认为文章拟教化于人，尤其是针对包括妇女和孩子在内的群体时，首先应具备语言通俗易懂、含义真实而直接的条件。而只有做到这一点，才能起到教化众人的理想效果。

---

① 洪大容：《湛轩书》内集卷三《大东风谣序》，第 114~115 页。

第三章　洪大容的诗学理论

洪大容一生对诗文无太大兴趣，创作的诗文屈指可数，常常自言不擅诗文、不喜诗文或未学诗文。但他对诗文并非毫不了解，也不是不具备写诗能力。严诚汇辑、朱文藻编成的《日下题襟合集》第三篇"洪高士大荣"中就有记载："……于书无所不通，善鼓琴，彼国皆敬其人。此公独不作诗，而深于诗，非不能也，其家法殆如此耳"，① 这表明他对诗文具有相当的认识与理解。况且，从他流传于后世的为数不多的诗作中我们仍可窥见其个人的文学修养与文学风格，通过《大东风谣序》一文，能够清楚地了解其诗学理论。此外，他对诗歌及文章的各种见解散落在与诸多中国友人交换的书信中，也让我们从细微之处认识到其诗学理论之点点滴滴。他对诗文不仅有独到的见解，还创作和品评部分诗文，表露了隐藏在思想深处的诗学理论内涵。

洪大容在燕京与清代文人交流时，曾数次提到自己不好诗，也的确藐视"诗作"等文字游戏，② 甚至对邓汶轩要求对其友人的诗稿做出评价时，说道："余素不学诗，不敢妄论。"③ 但在给孙蓉洲的信中很坦诚地提及了自己自燕京回国数年后，在四十不惑之年才开始学诗的生活。尤其他提到自己不以唐诗为代表的绝句、律诗为教材，反而使用《文选》，④ 是一个较有意思的现象。因为在当时的朝鲜朝，普遍都将唐诗作为学习汉诗的教科书，杜甫诗自是科举典范，而朝鲜王朝也竭尽所能谚解并重刊了杜甫几乎全部的诗作。比起同时代的李白、白居易，更多地读解杜甫诗之原因想必也是科考制度使然。洪大

---

① 祈庆富、权纯姬：《"日下题襟合集"概说》，《第三届韩国传统文化国际学术讨论会文集》，山东大学出版社，1999。
② 洪大容：《湛轩书》附录《从兄湛轩先生遗事　洪大应》，第430页。
　　"平生不喜作诗律，所吟咏者不过古体若干篇而已。"
③ 洪大容：《湛轩书》内集卷三《绘声园诗跋》，第118页。
④ 洪大容：《湛轩书》外集卷一《与孙蓉洲书》，第204页。
　　"容素不喜声诗，年来病中无聊，偶见昭明选诗，始欣然慕之。"

容生活在汉诗文化土壤里，为自己私设的天文台取名为"龙水阁"，而该名正是出自杜甫的诗句。由此可见，其本身对杜甫诗是绝不反感的。但是，与以杜甫诗为代表的新体诗相比，他更倾向于古诗或赋。该特点从其遗留下来的寥寥几篇诗作皆不受字数、句式的限制随意写成便可略见一斑。借梁代昭明太子萧统所编的《文选》学诗，想必也是他的这种文学倾向所致。正如笔者在绪论中所言，此书主要收录洪大容具有沉思、翰藻之内容与形式的作品，当然它也正好迎合了湛轩较之形式更重内涵且不拘于格式崇尚自然的文学观。由此可见，好古诗体的文学观从湛轩等人一直延续到19世纪的丁若镛，为朝鲜朝后期文学界带来了持久的影响。

第一节　本质论

在文学艺术领域，朝鲜实学界兴起一股以李贽的"童心说"[①]、公安三袁的"性灵论"[②] 为指导的反对封建正统文艺观念的进步文艺思潮。实学家们强调文艺作品应"发于性情，出于自然"，反对"天理"对"情欲"的束缚，力争人性的解放。在文艺创作上，他们反对以雅鄙俗，反对模仿古文，主张不拘格套，追求创作自由，追求徐渭倡导的"即村坊小曲而为之""徒取其畸农、市女顺口可歌"的文艺特色。[③] 该文艺思潮给洪大容带来的正面影响，直接体现在其后来

---

① 李贽（1527～1602），明代嘉靖、万历年间卓越思想家，反对文学上的拟古主义，对晚明文学产生较大影响。他的"童心说"认为："天下之至文，未有不出于童心焉者也。""童心"就是真心，是真实的思想感情。因此，认为文学只有真假问题，不得以时势先后论优劣。

② 明万历年间，以袁宗道（1560～1600）、袁宏道（1568～1610）、袁中道（1570～1630）为代表的"公安派"强烈反对前后七子的拟古主义，认为"文学是随着时代的变化而变化的，有各个不同的时代，即有各种不同的文学"。因此反对贵古贱今，反对模拟古人。

③ 葛荣晋主编《韩国实学思想史》，第37页。

提出的关于诗歌本质、创作、批评等的诗学理论。

从总体上讲，洪大容提出的诗论与他所处的朝鲜朝后期的文化思想氛围有着直接而密切的关系。当时正值"天机论"盛行之时，而天机论是为打破当时因语言障碍导致的汉文学的极限及儒教文化的规范倾向累积到终点造成的矛盾孕育而生的，是作为民族文学本有的美学思维与文化心理的更新形式出现的。其中的"天机"，事实上与最早出现在《庄子·大宗师》中的"天然的本能，后引申为自然事物的特性、奥秘以及人的天赋灵机，以一种'天←人'的结构重在观察与反映物象"之含义有所区别，具有天赋灵机的内涵。诗论家们将该境界称作"天真""自然""性灵"等。正如洪大容所言："舍巧拙，忘善恶，依乎自然，发乎天机"，朝鲜朝后期的"天机论"乃是一种"天→人"的结构，重在表现人之性灵。[①] 所以它在文学、艺术作品中的作用就是创作主体在创作中体现的真实性，亦即未经雕琢的自然形态体现的合乎规律性与不受规律所限的创作自由对创作主体真实性的保障。无论如何，不可否认的是，这些天机之说皆明显留有中国明清时期文学理论的烙印。

（一）依乎自然、发乎天机

据《湛轩书》收录的《大东风谣序》一文中谨采古今"集成二册，名以《大东风谣》，凡千有余篇，又得别曲数十首，以附其后"的记载，可以知晓《大东风谣》是由洪大容编辑的一本诗歌集，而《大东风谣序》是该书的绪言。书中虽收录洪大容的千余篇作品，但因现已无法找到珍本进行翔实考证，所以只是在研究洪大容的意义上还算有些价值。

洪大容对诗文虽没有过多的关注，但对本民族的诗歌抱有极大的

---

① 徐东日：《李德懋文学研究》，黑龙江朝鲜民族出版社，2003，第60页。

热情。从他应中国友人的要求,筛选本国的诗歌作品编辑《大东风谣》一书,以及能写出一篇成就相当的《大东风谣序》,足以看出他的文学修养与功底。在序文中,他通过诗歌的形式与内容对个人的文学思想展开了论述。在开篇写道:"歌者,言其情也。情动于言,言成于文,谓之歌。舍巧拙,忘善恶,依乎自然,发乎天机,歌之善也",[1] 说明了歌的定义与形成过程,同时指出舍去巧拙、忘记善恶、依乎自然、发自天机的歌才是最好之歌。其中的第一句出自《诗经集全序》,第二句出自《礼记》中的《乐记》与《毛诗大序》,第三句出自他本人。[2] 他在这里强调的是文学与情感的关系,即在文学创作过程中情感因素的决定性作用。他认为这种情感必须是人固有的自然之情,而只有表达自然之情的作品才能成为优秀之作。[3] 由此可见,洪大容借当时最具权威的诗论对本国之"歌"[4] 进行概念界定,在增加个人主张力度的同时,忠实地反映了对当时较为活跃的天机论的坚定立场。

洪大容深受中国清代袁枚与张问陶等人提倡的"性灵说"[5] 影响,强调在诗歌创作中人的"性情"的主导作用。所谓"性情",主要是指"情"。袁枚说:"诗者,人之性情也"(《随园诗话》卷六),"诗者,心之声也,性情所流露者也"(《随园尺牍·答何水部》),又说"诗者由情生者也,有必不可解之情,而后有必不可朽之诗"

---

[1] 洪大容:《湛轩书》内集卷三《大东风谣序》,第114页。
[2] 朴美英:《"大东风谣序"体现的洪大容的诗歌理论和意义》,韩国《真理论坛》,2001。
[3] 金柄珉:《朝鲜中世纪北学派文学研究》,第69页。
[4] 在洪大容看来,"歌"具有双重含义,即日常所讲带有曲调的普通之歌与由韩文创作的"诗歌"。
[5] "性灵说"是对明代以"公安派"为代表的"独抒性灵,不拘格套"诗歌理论的继承和发展。"性灵说"的核心是强调诗歌创作要直接抒发诗人的心灵,表现真情实感,认为诗歌的本质即是表达感情,是人的感情的自然流露。

(《答蕺园论诗书》)。① 这些都足以证明，袁枚的"性灵"与"性情"实际上是一回事。认为诗歌创作的好坏，完全取决于是不是性情的真实表露，"千古善言诗者，莫如虞舜，教经典乐曰：'诗言志'，言诗之必本乎性情也"（《随园诗话》卷三），其中的"志"也是指性情。洪大容就是受其影响，提出上述诗歌见解的。但他有别于袁枚之处在于，将"性"占主导的"性情"概念分解开，只提及其中的"情"。洪大容认为本然之性就是气质之性，浩气就是血气，由此奠定了可独立肯定"情"的理论基础。他还认为没有根本意义上的善与巧，舍去巧拙与善恶的情，才是出自天机的情，也只有这样，才能不拘于巧拙或善恶之分，哪怕是对百姓之歌，也能做到就歌论歌。这实际上与后来的"汉诗四家"之一李德懋提出的"天机"之主张略有不同。作为北学派的后继之人，李虽深受洪大容等人思想意识的影响，但在诗歌理论上表现出创新与独到之处，即主张审美主客体的融合，主张反映与表现之统一，将早期的"天机"含义与当时盛行的"天机论"结合起来，丰富和扩大了天机的内涵。

　　洪大容以《诗经》为例，对诗歌是如何流传与变化的进行了说明。他认为，因为《国风》是采集普通百姓生活中的里巷歌谣而成的，所以可感动雅士与农夫。但他也认为歌之所以具备善与美，是因为依乎自然、发自天机所定。当太师给诗歌谱以曲子用于宴乐教化人时，它就已是脱离自然、违背天机的了。所以即便是《国风》也不似"康衢谣"出自天机，因为它本身已带有创作者主观上赋予的教化意图，不具有发自于自然的歌谣之善与美。他提出的《国风》中的性情是"当世，性情之正"，是指性情之正不具有超时代之特点。由此，明确了《诗经》的价值在于没有强调超时代、一成不变的"性情之正"，而是要求其忠实于本时代之问题。接着他以"自周以

---

① 张健：《清代诗学研究》，北京大学出版社，1999。

后……诗与歌异其体，人为滋而情与文不相应。是以其声律之巧，格韵之高，用意虽密，而愈失其自然理致。虽正而愈丧失其天机"，[①] 说明中国之诗自周代以来不注重自然与天机，只注重声律或格韵，结果导致愈发走向衰弱。

洪大容曾与古杭三才讲道："古所谓诗者，皆词曲也。彼之管弦，合奏而齐唱则声与诗之分而二之，恐亦未安"，[②] 由此提出不能将声诗一分为二的想法。他认为过去的诗都是词曲，是伴着管弦乐的合奏齐唱的，所以将声与诗分开论述是不妥的。其中谈论的诗，就与他先前所讲的里巷之歌谣是相一致的，是依乎自然、发乎天机的产物，只是后来被用于教化而已。他还对《关雎篇》为宫人所做的朱子之言存有怀疑，但指出："于义甚顺，于文无碍，妇孺之口气，都是天机。虚心诵之想味，其风采固风乎。有遗音，其作者之为谁某，姑舍之可也"，[③] 认为妇孺之口气都是天机，所以经过虚心地吟咏与品味仍可以找到符合中庸的遗音，由此强调发乎天机的诗歌所具有的魅力与韵味。

洪大容不仅通过本国之诗歌抒发了对诗歌本质与风格的认识，更借《诗经》对此进行了具体的阐述。无论是《诗经》中的《国风》，还是《大东风谣》中的诗歌，从创作角度来讲皆具有发自本国人真情实感的自然风格。其实，该主张从另一侧面反映出他有别于当时其他古文家的特点，即针对士大夫的诗歌与农夫之歌相分离造成的文学危机，其他古文家皆提出应再现先秦时代之文，而洪大容却提出从一般百姓之歌中寻找解决之策。该想法绝对有别于前者，突出了新意，体现了洪大容敢于打破自身封建士大夫身份的局限，主张依靠百姓的

---

① 洪大容：《湛轩书》内集卷三《大东风谣序》，第114页。
② 洪大容：《湛轩书》外集卷二《乾净衕笔谈》，第276页。
③ 李德懋：《青庄馆全书》卷六十三《天涯知己书》，韩国民族文化促进会、民文库，1967，第12页。

生活创作天真之歌,更具体地讲,就是主张真正的民族文学。在此意义上,洪大容的论述可以称之为从民族文学角度对诗歌本质的界定,也是其对本国诗歌的真情表露。

(二) 贵冲远、必本之以温厚

洪大容在诗歌创作内容与本质上强调"依乎自然,发自天机",同时说明诗歌的风格以及创作群体。他在《大东风谣序》中指出:"朝鲜固东方之夷也。风气褊浅,方言侏漓,诗律之工,固已远不及中华而词操之体,亦无闻焉。其所谓歌者,皆缀以俚谚而间杂文字。士大夫好古者,往往不屑为之,而多呈于愚夫愚妇之手,则乃以其言之浅俗,而君子皆无取焉",[①] 认为朝鲜原本为东方之夷,故风俗与发音特殊,诗律技巧不及中国,尤其是没有传承的诗歌与声律体系,因此所谓歌也都是由间杂着汉字的本民族文字记录下来的。因为该弊端,导致有些好古的士大夫不屑于创作本民族语言之"歌",连锁反应到出现以平民为主的诗歌创作群体。正因为大部分诗歌出自平民之手,虚伪的执政者又认为他们的作品浅俗不够高雅,故没有及时地给予采录。所以说,既然当时中国的诗歌都已失去天机与理致,那么更不用说善于模仿中国之诗的朝鲜诗歌了。汉字对朝鲜朝士大夫阶层创作上的制约、由平民创作的诗歌不被采纳等的事实,自然导致了当时朝鲜文学的危机。而洪大容站在复兴民族文学的高度,对此表现出极大的乐观态度。

洪大容认为朝鲜的文学危机并不是不能克服的,他提出应以重新换回普通百姓之歌来解决朝鲜文学的现实危机。至于一般百姓之歌,无论是在中国还是在朝鲜,无论是在《诗经》产生之前还是在此之后,都曾有过。所以当出现文学危机时,他毅然决然地指出该危机是

---

① 洪大容:《湛轩书》内集卷三《大东风谣序》,第114页。

大家摒弃普通百姓之歌带来的必然结果。而该主张在当时可谓具有革命性的进步意义。它是对盲目模仿与遵从中华的事物，认为中国是世界中心等"华夷观"的彻底否定，相反指明所有国家的文化都是平等的，都在顺着本国的主体脉络发展。其实，长期以来朝鲜民族（尤其是士大夫阶层）不从自身发现自己的价值，而多从他民族文化中寻找效仿的对象，就是根植于"华夷观"的文化心理定式与文化意识的再现。到了18世纪中叶，已僵化的文化意识使朝鲜文化与经济濒临崩溃，无法顺应历史发展的潮流。[①] 洪大容在《大东风谣序》的开头指出："即使是《国风》，也已不是发自天机的诗歌。"该主张为其后展开的不借诗风照样可就歌论歌的观点提供了事实依据，自然也有了后来的以下主张，即"惟其信口成腔，而言出衷。曲不容安排，而天真呈露。则樵歌农讴，亦出于自然者，反复胜于士大夫之点鼠敲推，言则古昔，而适足以斩占丧其天机也"。[②] 歌虽唱自嘴，实则出于心，即使曲不得当仍可以表露天真，所以出自自然的樵歌与农谣虽不是新鲜之语，但仍比失去天机的士大夫之诗要好得多。

金天泽[③]早先曾提出过朝鲜固有的诗歌并非不及汉诗，但洪大容的想法比他更向前迈进了一步。他并不因为樵歌与农谣是用谚语来创作的，就认为它们具有价值，而是强调因它们出自百姓日常生活中的自然天真之情，所以才具有价值。由此可见，他是脱离自己身为士大夫的身份桎梏，主张真正意义上的民族文学的。他与金天泽文学主张的差异，还在于金天泽没有指明民族诗歌在汉诗之上，而洪大容超出"依乎自然、发自天机"的歌就具有真正的价值，借理气、心性等哲学依据进一步确认取自于百姓生活的歌所具有的绝对价值。其成熟的

[①] 金柄珉：《朝鲜中世纪北学派文学研究》，第23页。
[②] 洪大容：《湛轩书》内集卷三《大东风谣序》，第114页。
[③] 金天泽，朝鲜朝后期英祖年间时调作家、歌客，曾编有时调集《青丘永言》，且很多作品被收录在《海东歌谣》中。

哲学思考凸显了主张的合理性，并自然地展示了其不愧为代表一个时代的新的文学思想与观点。

洪大容在与文轩邓师闵的信中，吐露了自己的诗论以及对诗的真实心境，即"惟冲远淳素，真意悠扬，弟所愿学而未能也。弟素不学诗，不特无其才而已。年来穷居无聊，时有吟咏，亦学作五言古体。为其随意集字，无近体平仄生病之苦。妄意古人诗道，抑或如是"。① 在此，他表白道："诗中蕴含的冲远淳素的内涵与风格是欲学而学不会的。"洪大容说：自己原本不学诗也不是因为没有才，但最近偶尔学作五言古体是因为它不受近世之诗的平仄束缚使然，由此猜想到古人可能也曾有过类似想法。他清楚地点出依乎自然、发自天机的诗歌绝不是可以凭空想来，而是需要浓缩进创作者发自心底的真情实感。顺便也说明自己之所以学作古诗，是因为它不受诗歌形式与韵律的约束，可以随意集字书写而成。实际上也从另一方面说明他所主张的"诗贵冲远，必本之以温厚"之内涵，即不受诗歌形式、格调的束缚，根据主观的想法与真情自由地抒发真情实感。他在给孙蓉洲的信中，进一步强调"诗贵冲远，必本之以温厚"的诗论。他说："盖诗贵冲远，宁拙无巧。又必本之以温厚文心，如寄来亭卢诸作是也，心服口服"，② 指出诗应具有浓缩含蓄之风格，毋宁是拙稿也不应流于技巧，必须兼备健康的思想，并以孙蓉洲寄来的诗为例，指明其诗值得肯定之处。他不仅正面批判重视技巧的当时之诗风，更加强调诗歌的含蓄与健康之风格。他还借给朱朗斋文藻写信之机，写到"自京归后，为人牵率，强效汉魏古体，非敢为高也。善其信口真率，无平仄排偶之苦"，③ 明确了自己学作汉魏古体并不是为了标榜自己，而是因为它可以不拘于平仄排偶之旧套，按口中所讲事实写就

---

① 洪大容：《湛轩书》外集卷一《与邓汶轩师闵书》，第 193 页。
② 洪大容：《湛轩书》外集卷一《与孙蓉洲书》，第 204 页。
③ 洪大容：《湛轩书》外集卷一《答朱朗斋文藻书》，第 202 页。

使然。

综上，洪大容提出的诗论主张，具有创作内容与形式风格两方面的具体含义，即在内容上强调"依乎自然，发乎天机"，不重雕琢与推敲而应直抒真情实感，而在形式风格上，强调不拘泥于诗歌的清规戒律，做到随意书写与自然抒情，更要将真情实感浓缩进诗歌，形成一股健康、自然的风格。

第二节 批评论

在洪大容的文学成就中，值得关注的是他归国后编辑的《海东诗选》、编写的《大东风谣》以及该书序文。在这些书与文章中，虽然能够找到洪大容对诗学理论的集中论述，但除此之外，还可通过他与中国文人的交流以及他们之间的书信往来，找到他对诗文的点点滴滴的分散论述。他不仅对《诗经》《朱子集注》等很有影响力的名作提出过自己独到的见解，还对朝鲜诗文与诗人进行了客观、公正的评价，其中也不乏对关系密切的中国友人诗作的品评。他的评价虽多流露在不经意间，没有刻意去迎合或贬低某种文学潮流，但零零散散地体现在杂文中的这些论述，仍足以使我们归纳出其对诗文持有的一己之见。

（一）反拟古、倡创新

洪大容坚决反对科举诗，认为它是为应付科举考试而进行的无用之学，规劝友人"敛华而就实，舍文藻以明道术"，[①] 揭露崇尚文章的风气之目的就是为了通过科举立身扬名。他还借"天机说"与"贵冲远"之说，指出圣贤的文章之所以闪光，是因为他们志在文

---

① 洪大容：《湛轩书》内集卷三《绘声园诗跋》，第118页。

中，经多年思考后写就的文自然成章所致。但其中的"志",并不是古人所言的"止乎礼义"之"志",而指"性情"之"情"。与他反对科举诗相反,他所提倡的是以汉魏古诗体为典范的诗论。

他曾指出:"盖诗贵冲远,宁拙无巧。又必本之以温厚文心,如寄来亭卢诸作是也,心服口服",① 主张诗贵冲远,哪怕是有些技巧欠佳略显笨拙,也不应失去温厚之风格。他还说:"年来穷居无聊,时有吟咏,亦学作五言古体。为其随意集字,无近体平仄生病之苦。妄意古人诗道,抑或如是",② 明确指出旨在消遣度日学习创作五言古体的原因,在于它不拘泥于形式风格,而顺着主观意图随意拣字练就。由上可见,他反对拘泥形式格套的旧体诗,寻求能够自然抒发个人真情的新体诗。但该愿望因为他本人作诗的局限,以及诗学素养的不足,得不到深入与研究,所以只好先借助于形式自由的汉魏五言古体,来表达该愿望。对洪大容来讲,"反拟古,倡创新"并不是指反对已成过去的古体诗,而是反对当时人们热衷模拟古体的诗歌倾向,发明与创造不受约束地抒发自然之情的新文体。遗憾的是,因为新文体还没有生成,只好先借助汉魏五言古体。在此意义上,"反拟古,倡创新"可理解为反对今世之诗风,提倡与发明类似于汉魏五言古体但又与它有所区别的新诗歌形式。为此,他还做出了"自京归后,为人牵率,强效汉魏古体,非敢为高也。善其信口真率,无平仄排偶之苦"③ 的解释,进一步证明他学作汉魏古体并不是为了标榜自己,也不是因为提倡汉魏之体,而是因为其诗歌形式自由,可以自然地抒发真实率真之情,可用于排解追求平仄与排偶之苦恼所致。而同为北学派文学家之一的李德懋,虽也主张"反拟古,倡创新",但他更加明确了在文学

---

① 洪大容:《湛轩书》外集卷一《与孙蓉洲书》,第204页。
② 洪大容:《湛轩书》外集卷一《与邓汶轩师闵书》,第193页。
③ 洪大容:《湛轩书》外集卷一《答朱朗斋文藻书》,第202页。

创作中强调"古意",主张继承。他主张任何时代的文学创作都是在继承历史遗产的基础上进行的,以古为师,事出必然。只是这种继承不是盲从,而是有批判、有选择地继承。这就是说,他既反对不师古而专重自得,也轻视拘于古而不知变化,认为文学的发展是继承与创新的辩证统一。①

洪大容在父亲去世的时候,收到了潘庭筠寄来的哀悼诗。对此,他说道:"且说诗岂有定法,言之理到,横说竖说,无所不可。如孟子言诗,大半遗却本旨,专取其义,最为活法",② 再次否定评价诗文所应遵循的定法。他认为,评诗无定法戒律,只要是合乎道理的诗论都无不妥之处,孟子言诗将原文的大半去掉,取其精华,就是典型的例子。由此,他将诗歌创作上讲究的"反拟古,倡创新",扩大到诗歌批评范围,提出不拘泥于既定的品诗格套,根据主观理解与感悟评诗的方法。这与他先前提出的有关诗学本质的"诗言情"观点一脉相承。

(二) 破文饰、露真情

洪大容借《小序》说明对读诗、解诗,以及如何品诗的理解。他在给严诚的信中指明,《朱子集注》未对《诗经》进行严谨的分析与思考,所解之处也有诸多疑点与模糊问题,同时说到虽有此类不足,却因打破局限于《小序》的理解,有了后来的顺应文理之活跃的解释,即"但其破小序拘系之见,因文顺理,活泼释去,无味之味,无声之声。故以动荡于吟诵之间,则乃其深得乎诗人之意,发前人所未发也"。③ 从中强调,不拘泥于前人的解释,按照文理活跃思维,以自身之真实感受理解诗作,同样可以找到前人所未发现的丰富

---

① 徐东日:《李德懋文学研究》,第 75 页。
② 洪大容:《湛轩书》外集卷一《附铁桥临终前一日寄诗》,第 188 页。
③ 洪大容:《湛轩书》外集卷二《乾净衕笔谈》,第 232 页。

内涵。接着他还说道,细品诗歌享受诗作之味与风采足已,至于作者是谁并不重要,并且以"盖其蹈袭剽窃,强意立言,试依其言而读之如嚼木头,全无余韵,其自欺而欺人也亦太甚矣",① 再次说明不要受限于古人的理解与主张,应具有自己的一己之见,以此真正"独享"诗文。这些主张,其实也是洪大容对品诗与读诗的独特见解。在此,他强调的是不受前人锁定的各种理解上的限制,也不受个人先前积累的认知信息的影响,以自身对诗作的理解与感受挖掘诗文的内涵,突出个人对诗作的"个性"理解。从读者接受的角度理解与品评诗文的做法,在文学理论高度发展的今天看来,也是极其先进、有效的。

朴趾源②看毕洪大容的《会友录》,曾留下过一段精妙的评语:"破去文繁,涤除苛节,披情露真,吐沥肝胆。其规模之广大,夫岂规规龌龊于声明势利之道者乎?"③ 其中"繁文"与"苛节"是当时朝鲜所有燕行录的普遍之形式,也是朝鲜学问的传统弊病。洪大容使用破去文繁与涤除苛节的崭新文体,等于否定沿袭该文风的陈旧陋习,一举根除了若不沿袭就不可能活跃于文坛或不能科举中榜的学术界风气。在洪大容一生的文学成就中,占据重要地位的《医山问答》《刘鲍问答》等问答体哲理小说,以及综合反映其对清意识,并产生重大影响的游记文学《燕记》(朝文为《乙丙燕行录》),都可以说是洪大容通过文体上的创新表露自己政治理想与社会意识的代表之作。虽说早在唐朝,李白就曾创作过《老人问答》等问答体作品,但洪大容借用前人的文体形式进行创作的同时,借助实翁与虚子等虚幻人物形象,揭示人类未来社会的志向心理与生活哲理的技巧,是其创作上的闪光点。

---

① 洪大容:《湛轩书》外集卷二《乾净衕笔谈》,第232页。
② 朴趾源,朝鲜朝后期著名的实学家、小说家,代表作有《热河日记》等。
③ 洪大容:《湛轩书》外集卷一《会友录序》,第164页。

洪大容倍加关注的对天主教堂的观察也借"观"与"见"字义的细化，显示出作者明显的观察动机。不管它是不是作者刻意安排的，事实上反映了作者热心了解西方文明的迫切心理，摆脱过去普遍的直叙形式，借观、审、探等新的叙述方式揭示作者的真实愿望。此外，洪大容继撰写汉文燕行录——《燕记》之后，用国语以日记形式创作的长篇纪行——《乙丙燕行录》，不仅显示了作者高超的国语构思能力，也表现了强烈的文体意识。正如朴趾源所言："文以写意，则止而已矣"，文就应该是直抒胸臆，表露真情实感。洪大容的文体风格正反映了他对诗文主张的"破文饰，露真情"的观点，而该观点也得到朴趾源等人的积极响应与效仿，以至于后来朴趾源也在燕行归来后，用同样的文体写就了闻名遐迩的《热河日记》。

（三）言言解颐、节节有趣

大部分的燕行录虽都有关于演戏的记载，但记载最为集中的还是18~19世纪的燕行录。既有对演戏舞台设施、戏曲表演空间的描述，也有对戏曲剧本、台词的介绍，更有对戏曲内容与演员装扮、观众反应与观戏之后的评价。

洪大容在《燕记·场戏》一文中就详细介绍了清代社会盛行的场戏情况。他认为戏剧虽在明末一度盛行至极点，甚至影响社会风气，消耗了社会的财力，但从客观上讲，市面上随处可见的剧场已足以证明戏剧普及与流传的现实。他将京城剧场与沈阳剧场之规模、设置进行比较，就剧场的经营方式与收入、剧场的观众与经营制度、民众对戏曲的反映与戏曲的表现形式、表演过程等都一一详细地进行了说明。其中不免有些疏漏与偏颇，但整体上较客观、公正地做出了评价。他说："扮演逼其真，词曲以激飏之，笙箫以涤荡之，使观者愀然如见其人。有以迁善而不自知此惩劝之功，或不异于雅南之教，则亦不可少也",① 明确指出戏曲作为表演艺术的审美特征与社会功效。他还说:"既识其事实,言语意想,约略解听,则言言解颐,节节有趣,令人大欢乐而忘归。然后知一世之狂惑有以也",② 点明了戏剧的表演特点与吸引读者、观众之根本原因。在他看来,戏曲之所以能够打动人,关键在于有其深刻的"言语臆想"与有趣的情节。作者的这种看法,在戏剧表演艺术高度发达的今天看来,也基本上是正确的。③

在《桃花洞》一文中,他以"临街方设场戏,观者塞路",④ 说明当时在京城以外的各地其实没有专门的剧院。场戏虽多在道边露天表演,但人们对场戏的热情绝不亚于任何游戏,以至于有场戏的时候往往就会出现道路堵塞、人满为患的情景。他还通过戏剧中出现的汉族官吏的着装、步态、行为举止等,表露出埋藏在心底的对汉族官吏威仪形象的认可,即"其官人皆着网巾,纱帽圆领,宛有华制,耸肩大步,顾眄有度。所谓汉官威仪者,其在斯矣"。⑤ 紧接着,他将在玉田县看到的露天戏剧《快活林》与在京城看到的戏剧进行比较,认为剧场规模与陈设虽不能与京城相比,但因看懂了剧情又觉得欢喜有趣,这才真正理解世人对戏剧的喜爱之原因所在。从此可以了解到,洪大容作为崇尚实学、讲究实事求是的北学派思想先驱,不仅通过活跃的思维认知社会,还注重实践与亲身体验,善于通过参与生活、观察生活,真实地反映并了解中国社会的百态。

洪大容借当时欲前往观看场戏,提督因"场戏是不经杂剧,大人何为不自重"之理由阻止其前往之事,向诸译官说:"戏台多光棍

---

① 洪大容:《湛轩书》外集卷十《场戏》,第396页。
② 洪大容:《湛轩书》外集卷十《场戏》,第397页。
③ 金柄珉:《朝鲜中世纪北学派文学研究》,第223~224页。
④ 洪大容:《湛轩书》外集卷九《桃花洞》第366页。
⑤ 洪大容:《湛轩书》外集卷十《场戏》,第397页。

醉汉，大人或横被骂辱，悔将无及云"，① 印证了当时清朝官方不允许外国使节观戏的事实。这一记录从侧面说明，在当时的官吏眼中场戏是不正当的杂剧，戏台是聚集着光棍与醉汉的低级场所，所以官方不愿意让外国使节看到戏台的"丑陋相"。如果说当时清朝官府真是拒绝外国使节看戏，是否与前所述的戏剧中多明朝逸事以及可看到明朝官制与服饰有关呢？而官吏认为的低级场所为什么又会吸引如此多的上至官僚下到百姓的民众观看呢？诸如这些疑问都给我们留下了很大的探讨空间，也颇值得后人进一步深入研究。

洪大容在介绍场戏之余，还不失时机地介绍扮小丑卖艺、表演魔术以及双簧等的民间戏剧《隆福市》，旁证了当时流行于中国百姓生活中的各类民间艺术表演形式的同时，证明在街巷表演中除了场戏之外还有其他纷繁多样的不同种类，进一步验证了人们精神生活的多姿多彩以及社会生活的繁荣景象。

第三节　创作论

洪大容自言道"余素不学诗""不娴于诗律""诗律葩藻，尤不适性"，在多个场合表示自己不擅诗文、不喜诗文或未学诗文，但这不等于他对诗文毫无了解或根本无能力写诗。从他遗留后世的著作中可以发现，他对诗文不仅有自己独到的见解，还通过创作和品评诗文，表露了隐藏在思想深处的独到的诗学理论。从他兄弟的证词"平生不喜作诗律，所吟咏者不过古体若干篇而已"，② 以及他留给后世的著作，可以发现他尽管作品不多，但绝不是一位可以忽略不计的作家。至今仍可以看到的他的遗作有收录在《湛轩集》

---

① 洪大容：《湛轩书》外集卷七《衙门诸官》，第310页。
② 洪大容：《湛轩书》附录《从兄湛轩先生遗事　洪大应》，第430页。

中的诗六首与各种尺牍、杂记，还有记录他燕京之行的游记——《燕记》。他用朝汉两种文字分别创作的《乙丙燕行录》（朝文）与《燕记》，使不识汉字的朝鲜平民与妇女同样得以了解外面的世界，不仅扩大了读者群，同样也开辟了士大夫用谚文进行创作的先河。

18世纪中期撰写的燕行录虽在数量上不及前期，但与俞彦述1749年撰写的《燕京杂识》等前期的日记体纪行相比，这一时期普遍使用独立叙述某一话题或事件的杂识体。该倾向在洪大容的《燕记》中尤为突出，而对知识分子的关注更是其有别于其他早期"燕行录"的突出变化。一直以来对"燕行录"的研究成果将18世纪中期燕行录的特征归纳为"对清朝人的关注与广泛交友",[①] 即作为关注清朝的现实，加深对清朝的了解，将目标锁定在了"人"身上。而这种"燕行录"的叙述方式因洪大容得到了深入发展。以人为主的关注对象的变化意味着对燕行的认识变化，表明他们开始意识到：为了解非传统事大的真实的中国现实，就应该与中国人进行理性的对话。拟对局势进行正确了解的意向成就了两国知识分子的理性对话，也影响到燕行录的叙述方式，最终促成了作为独立文体的笔谈的出现。《燕记》中不仅有《吴彭问答》《蒋周问答》《刘鲍问答》等问答体文章，还有以曾经交流过的清朝人名为标题的23篇文章。以洪大容的燕行录为契机，北学派文人渴望与清朝的有识之士见面，书写各种笔谈，甚至出现了专门谈论交友的燕行录。

（一）舍主情、求真实

洪大容的诗歌理论强调不管是什么文体的作品都应注重真实。而

[①] 〔韩〕金贤美：《18世纪燕行录的展开与特点研究》，韩国梨花女子大学博士学位论文，2003，第76页。

所谓的真实，就是舍去主观意图上的性情求得的天机与自然之情。朝文版游记《乙丙燕行录》与中文版《燕记》相比，不仅在文字上，而且在体裁与创作意图上也表现出较大的差异，而这恰恰是后人得以窥见作者文学意识的典型文本资料。综观18世纪后期朝鲜游记文学，可以看出，一改过去带有自传体性质的只注重罗列诗歌、美文等主观抒情内容的形式，出现了以客观观察与实际见闻为主的报告形式。这些形式一扫过去出于华夷思想而对清代抱有的主观偏见，通过其作品从客观、公正的角度对清代进行了翔实的介绍。

朝文版《乙丙燕行录》的开头有一段汉文版《燕记》未记载的近一个月的行程记录，它以金昌协赠予燕行之人的诗作"未见秦皇万里城，男儿意气负峥嵘。渼湖一曲渔舟小，独束缞衣笑此生"为开头，紧接着说明了中国为大国，清代统治中国已持续百年盛世，所以清代文明景象值得一看等内容。这既是洪大容个人的中国观，也是他的恩师金元行以及金元行的祖先金昌协的传统的中国观。该中国观的真实含义在于清朝虽在统治着中国，但山川依旧、人物无古今之分，所以不可不遇天下之仁人贤士交流天下之大事。而此初衷恰恰也是洪大容燕行的真实目的所在。有了这些真实而积极的目的，才有后来洪大容对清朝统治下的中国社会万象的客观、真实的评价，更具有了让游记的读者深受感化与教育的积极效果。

在《大东风谣序》中洪大容还曾指出："苟善观者不泥于迹，而以意逆志。则其使人欢欣感发，而要归于作民成俗之义者。初无古今之殊焉？"[①] 认为善诗的人不拘于形式与主观想象创造出的诗歌，必会使读者得到愉悦与感动，可以鼓舞百姓改变旧俗。而在此意义上古今是没有区别的。该论述从另一侧面说明，他所提倡的"舍主

[①] 洪大容：《湛轩书》内集卷三《大东风谣序》，第114页。

情、求真实"的创作带给世人的正面效应。而此时的"舍主情、求真实"是与先前所述的"天机说"同出一辙,是依乎自然、发自天真的一种诗想。因此,当他听到潘庭筠提出为何不作诗时,就自然地回应道:"素拙吟咏,且无癖好,思之常患艰涉。偶然成句都是陈陋,是以自画矣。"① 虽说他不擅诗、不好诗,但他明确地说明自己之所以放弃学作诗文是因为作诗不是一件容易的事,偶尔做出的诗无新意或流于简陋所致。他的回答正好印证了其反感于诗作并非出自内心,而真正的原因在于他对"舍主情、求真实"之创作的追求。所以,当他不能创造出符合该要求的诗作时,宁肯放弃也不会选择勉强而为之。

事实上,在洪大容的燕行录中占据相当分量的笔谈创作也与朝鲜朝后期叙事文学的变化有关。在朝鲜朝后期,由于变化多端的社会现实,文学体裁趋于丰富多样。叙事文学从过去以非现实的故事为素材的传奇性特点转向以现实中的故事或情节为素材的写实特点。以笔谈为主的燕行录的出现,与当时尝试各种不同写作方式的知识分子的兴趣,以及对小说、尺牍、序跋之类的关注不无关联。而在洪大容的燕行录中专门由笔谈结集成册的作品当属《乾净衕笔谈》。其中详细记录了洪大容与在京相识的严诚、陆飞、潘庭筠等三位友人笔谈的内容,还有朝奉始末、交换的尺牍,是纪行文学中首部专门收录笔谈与书信的笔谈专辑。在此,作家在尊重日记体纪行文的普遍性的同时,尽最大努力突出了笔谈在文本中的作用。② 首先,《乾净衕笔谈》为确保日记体作品的一致性,很巧妙地安排了笔谈记录与穿插尺牍的日期。作为日记体笔谈,穿插书信的同时完整地具备序言与结语的独特结构,在使行文学中是史无前例的。其次,在《乾净衕笔谈》的构

---

① 洪大容:《湛轩书》外集卷二《乾净衕笔谈》,第226页。
② 〔韩〕朴香兰:《燕行录所载笔谈研究——以洪大容、朴趾源等为主》,韩国宝库社,2013,第65~72页。

成中值得关注的特点是笔谈与书信安排的有序性。当然日记体一般是以实际发生的事实为基础，所以笔谈与书信往来的时间会决定顺序。即便是这样，其有序性的排列也绝不是偶然的。考虑到潘庭筠带走了大部分笔谈原始记录，剩余的记录多为顺序混乱或杂乱无章，只好根据模糊的记忆追加的事实可以判断，该笔谈其实是作为独立文本特意创作的，① 即笔谈是洪大容以当时的零星记录为蓝本专门整理并创作的。由此可以断言，《乾净衕笔谈》中穿插的尺牍绝不是偶然的，而是作者有意安排的。

（二）愉悦于人、兼顾教化

洪大容认为创作文学作品旨在愉悦于人、兼顾教化之用，所以强调出自自然与天机的文学创作，主张"贵冲远，必本之以温厚"的文学风格，更突出这些作品带给世人的感官享受与教化作用。该文学主张后来也成就了反映其对清朝认识的两种版本的燕行游记，更强调出自自然之"歌"的影响与教化作用。

第一，洪大容创造的破去文繁、涤除苟节的新文体，在满足读者的愉悦之求的同时纷纷为后人所效仿。在前一章节曾讲述过洪大容的《会友录》因破去文繁，涤除苟节，给人以耳目一新之感。而该新文体不仅使朴趾源惊叹不已，更让他在其后的《热河日记》创作中直接借用、模仿它。朴齐家（楚亭）作为洪大容的弟子与密友，看过《会友录》后深受感染与触动，以至到了吃饭时忘记用勺、洗脸时忘记洗脸的程度。② 而李德懋看到后，更是感叹道："今搓会友录秘本，并载不妄评语为此篇。庄（语）谐言层见叠出，真奇书也，异事也。亦有不妄评语，而恨不抄载"，③ 肯定其不失为一部奇书与异书的文

---

① 洪大容：《湛轩书》外集卷三《乾净衕后语》，第290页。
② 朴齐家：《贞蕤文集》卷四《与徐观轩书》，韩国国史编撰委员会，1961。
③ 李德懋：《青庄馆全书》卷六十三《天涯知己书》，第15页。

学价值。而之所以《会友录》在破去文繁、涤除苛节后仍不流于枯燥乏味，是因为披露真实、袒露真情所致，所以使读者倍感新奇，更感动于真实。该作品的文学效果恰恰就是作者一直以来主张并追求的"舍主情、求真实"的最好例证，而作者也通过身体力行不仅实现了该文学理想，还达到了愉悦于人、兼顾教化的创作效果。

而《会友录》中较为突出的文体形式就是笔谈。事实上，笔谈的产生与可进行理性对话的进步知识分子之间的开放思维密不可分。洪大容早在赴燕之前就对清代的文集与清初的诗歌选集有着深入了解，并接触了清朝诗人的大量诗歌。他不仅阅读过沈德潜的《国朝诗别裁》、陈维崧的《今诗篋衍集》、王士祯的《感旧集》等清代具有代表性的诗选集，还拜读了王士祯的文集《带经堂集》、诗选集《渔洋山人精华录》、诗话集《池北偶谈》《香祖笔记》《居易录》等，并格外欣赏王士祯的诗歌。[①] 所有这些对清朝文艺界的认识与了解为洪大容与中国知识分子的邂逅与笔谈提供了丰富素材，并为其日后撰写形式新颖的《会友录》打下了良好的叙述基础。洪大容就是借用有别于他人的笔谈等创作方法，突出作品的文学价值与感染力，使本无过多情节与故事的文体有了巨大生命力，更兼具了教化人的社会功效。

他还将该文体风格运用到其他的作品中，其中最具典型的当数记录燕行途中所见所闻的《燕记》。在此，他摒弃早先对中国乃至清朝的诸多偏见与认识，将途中目睹的事实用简单易懂的通俗语言（朝文）进行了客观叙述。在叙述时，他坚持细致而周到的笔锋，将朝鲜朝不曾有或鲜为人知的各种事物、现象一一做出具体而深入的描写与说明。当原本只有士大夫阶层独享的读书权利，因为借谚文形式通俗写就的一本游记遭到瓦解时，当包括众多妇女、孩子在内的读者群

---

① 〔韩〕李庚秀：《汉诗四家的清代诗受容研究》，韩国太学社，1995，第43页。

为他们不曾了解的清代文明与社会现象所迷惑时，作品当然具有愉悦于人、教化于人的功效。这正好印证了洪大容文体创作的新颖之处，证实了该风格对读者乃至后人的积极影响。

第二，利用民族文字书写内容繁多的海外见闻，不仅扩大了读者层，也使身居家庭的女性与不擅汉文的平民百姓了解并体验异国风情，更使封建士大夫以外的不同阶层人士有所感悟，进而参与到对国内现实的反思与改革中。

综观朝鲜朝中后期燕行者的各类"燕行"记录，不难发现他们访问中国的不同目的：有的是出于公务修行；有的是为游山玩水；还有的是为扩大见闻、感受并体验外界。而洪大容作为早已知晓清朝盛世的先知者，带着北学的萌芽意识细观清朝统治下的中国社会现实后，通过著书立说要传递的信息无非就是要使更多的朝鲜百姓了解中华盛世，了解不同于过去的清朝的真实状况，进而起到教化与反思作用。洪大容曾在《大东风谣序》中指出："盖已深得乎风雅遗意。而其辞浅而明，其意顺而著，使妇人孺子皆足以闻而知之。则所谓诗教之远于上下者，舍此奚以哉！"① 指明一般深得风雅之传统，使诗语简单易懂、含义温厚而又明显，以至于妇女与孩子都可听而知之，这就是诗教达到的最高境界。其中，他明确指出：诗应起到教化于人的作用，尤其是针对包括妇女与孩子在内的边缘群体时，首先应具备语言通俗易懂、含义真实而明确的条件。而只有满足该条件，诗才能够达到教化众人的理想效果。

洪大容又在《题裴金正训家辞》中说道："今见其训家辞十五篇，操律中格，足以被管弦资吟诵。又其用意质直，造语淳憨，凡彝伦实地做人之模范，略备。读之令人油然有忠孝子谅之心，果使委巷妇孺传诵而不厌焉。则吾知其兴发耸威，或胜于葩藻之奥雅也。

---

① 洪大容：《湛轩书》内集卷三《大东风谣序》，第114页。

惜乎！人微而语俚，无以自达于太师之采也"，① 指出训家辞十五篇因格律适中可用管弦吟诵，而其中蕴含着冲远而温厚之意，语言淳朴而庄重，具备在家中如何做人的模范，也因此使读者不由自主地萌生对国家与父母的忠孝之心、对晚辈的慈祥之心与对朋友的真诚之心。而里巷的妇女读之，则会比名家的诗文更受感动与鼓舞。只可惜作者出身卑微、言语通俗，导致作品没有被太师采纳。洪大容不顾作者的身份与地位，认为只要是贵冲远温厚、真实而朴素，又具有教化功效的作品都是好作品。他强调的是，读此类诗的人会不由自主地生发对国家与父母的忠孝之心、对晚辈的慈祥之心与对朋友的真诚之心，以及里巷中的妇女喜读之，会受到比名家诗文更大的感染与鼓舞等的功效作用。由此可见，洪大容一再强调诗文的教化作用，而该教化之作用有其内容与形式上的条件限制，必须具备他所认定的本质特征。

第三，诗文是表现闲情逸致的一种方式，所以创作并不一定具有特殊目的或企图。正如洪大容自己所言："年来穷居无聊，时有吟咏，亦学作五言古体。为其随意集字，无近体平仄声病之苦"，② 汉诗对他来讲，就是无所事事时吟咏的对象，又是闲来无聊时为消遣时光所做的事情。所以他虽不喜欢汉诗，却创作了一些作品，津津乐道于百姓之"歌"，却直至编著"风谣集"，也未创作一首风谣。所有这些反映了他的诗论与他的创作是相脱节的，而这脱节正与他对汉诗创作的态度与认识有着直接关系。与此相反，他对民族文学意义上的"歌"，却表现出浓厚的兴趣。通过《大东风谣序》中的论述可以了解到，洪大容主张用普通百姓擅长的"歌"来教化于人的初衷，是拟唤醒他们自觉的社会意识。而这些歌都不具有雕琢与修饰的痕迹，

---

① 洪大容：《湛轩书》内集卷四《题裴金正训家辞》，第143页。
② 洪大容：《湛轩书》外集卷一《与邓汶轩师闵书》，第193页。

是出自自然、本于温厚的"歌",是来源于百姓生活的"歌",因此表达了百姓的闲情逸致,绝不具有教化之特殊目的。但当这些歌因其天真与温厚被别有用意的人选为教化人、愉悦人的工具时,它就具有了历史或社会赋予的新的内涵与特征。

因为洪大容自己将诗文的创作作为消遣和消磨时光的对象,所以他对诗文更无形式、格律等方面的特殊要求,反而认为"盖诗贵冲远,宁拙无巧,又必本之以温厚",说明诗宁可有失技巧、流于拙劣,也不能失去温厚之本。又以"善其信口真率",强调从口中流出的诗歌之真实与率直,蔑视了通过多年变化与创造才形成的诗歌的各类形式特点。他曾在寄给严诚的信中写有在燕行途中路过三河巧遇邓、孙时的情景,"乃以诗赠别而归。句格拙直,全无韵趣,亦诗云乎哉?可笑",① 又在给孙有义的信中写道:"容素少词翰边工夫,诗律葩藻,尤不适性。"② 这些虽都表明了他未学诗文所以也不擅诗文,写出的诗文如何如何不理想,但其中更重要的是,他提到的"诗文尤其不适于他"之想法。因为他所认定的诗文是出于闲情逸致随手写来用于消遣的对象,而他本人又是善于思考、逻辑思维特别强的人,所以这种感性与理性的碰撞造成的不适应当然是难免的了。

他的这种个性特征也反映在他对中国文人作品的部分批评中。例如,当他评价邓汶轩之友郭澹园的诗稿时,曾毫不客气地说道:"人莫尊于孔周而鲍谢为卑,事莫切于身心而骚墨为下。以澹园之才,早耽词律,用心良苦非不美且盛矣。吾恐其沾沾于小道,而终泥于致远也……"③ 说明没有胜于孔周的人,相反鲍谢是卑贱的,又说没有比锻炼身心更重要的事情,而文章辞赋是低下的。接着指出,澹园很早

---

① 洪大容:《湛轩书》外集卷一《与铁桥书》,第169页。
② 洪大容:《湛轩书》外集卷一《与孙蓉洲有义书》,第194页。
③ 洪大容:《湛轩书》内集卷三《绘声园诗跋》,第118页。

就喜好诗律,并为之用心良苦并不是一件坏事。但以他本人对学诗弄诗就是小道的认识,认为澹园如果沾沾于小道,最终必然会耽误更远大的志向。因此诚恳地规劝"歆华而就实,舍文藻以明道术",① 直白阐述了不应追求文藻等歆华之学问,应先明道的观点。他不仅自己将诗文创作作为消遣的手段,也用自己对诗文的认识与态度影响并评价他人,体现了与注重理性思考相比,他实际上是相当藐视诗文等主观创作的。所以,他能够在诗论中做出高于他人的突出贡献,却在通过创作表明自己的文学主张上没能留下富有价值与流传千古的文学作品。总而言之,他虽然通过富有条理的论述树立了个人独到的诗学理论,但也无法摆脱明显的基于个体的局限,即没能通过创作表露或展现成熟的文学思想,影响了其文学主张的现实依据。这也是后人分析其文学思想后产生的些许遗憾。

综上所述,洪大容在文学艺术上立足于现实,反对复古,重"情"而薄"理",力促文学艺术的革新与解放。他始终坚持脱离单纯地憧憬清朝文明的立场,通过对清朝社会的深入剖析反观自己国家的现状,力求寻找能够增强国力、唤醒民族意识的朝鲜朝社会赖以发展的现实基础。他通过从天视之世界各国都平等,无内外、贵贱之分的平等思想,积极主张各民族的文化平等,尤其是相对当时盛行的"北伐论"大胆提出"北学论",肯定了清朝的政治和文化的存在。由此克服了源于儒教的具有华夷内涵的事大主义文化意识,立足于现实反思本民族的历史,同时明确了唤醒民族主体意识的强烈愿望。

洪大容虽从小生活在封建士大夫家庭,但他能够脱离自己所属的阶级环境,站在客观、公正的立场冷静地审视社会现实,并能够针对时弊提出具有鲜明民族特色的文学主张,真实地反映朝鲜各阶层人民

---

① 洪大容:《湛轩书》内集卷三《绘声园诗跋》,第118页。

的生活与创作,实在难能可贵。他站在国家和民族的高度,通过为数不多的著作表达具有改革愿望的诗学理论,符合其关注现实、探索国家发展之路的实学家的追求。所以说,他的诗学理论具有与社会现实无法脱节的紧密联系,影响和教化了同一时代的民众,也为后人指明了文学发展的正确方向。

第四章　洪大容文学的形象内涵

　　文学作品中的形象往往带有作家的主观色彩，体现的是作家想象中的幻象与意识结构。每一个作家的创作都受制于他所处的社会环境，并受学问结构、思想倾向等的影响。洪大容作为北学派的先驱，身处朝鲜社会封建制度日益衰退期，以一个知识分子的良知努力教化民众、唤醒国民，最终拟激发国民的斗志，使他们投入到自觉为国服务的事业中来。而他为数不多的文学作品就是其有力的实践"武器"。他想通过作品让朝鲜朝的百姓了解朝鲜境外的中国社会，了解中国之外的西方先进文明，使他们不再做井底之蛙，提醒他们更多地放眼社会文明的发展现实，以此来传递振兴朝鲜衰败局面的强烈愿望。所以，他作品中的形象都带有作家的社会变革意识，明里暗里反映的是作家关注现实、放眼未来的社会责任感，进而具体体现了作家强烈的北学主张。

　　洪大容作品中既有清朝统治下的中华之宏观社会形象，也有形形色色的各民族、各阶层具体的人物形象。他们在其为数不多的作品中相互交织、互为陪衬，最终烘托出一个兴旺发达的当时清朝社会之繁荣景象。这些都为制止当时还残存在朝鲜朝社会各界的北伐意识与对明王朝的义理之风，从事实上给予了有力的回击，并且证明了北学思想之正确性与适时性。正如在文学中的异国形象不再被看成是单纯对现实的复制式描写,而被放在了"自我"与"他者"、"本土"与"异域"的互动关系中来进行研究,①洪大容作品中的人物形象描绘的虽是清朝景象,观照的却是清朝与朝鲜朝两个界面,借清朝这个"他者"形象对朝鲜朝这个"自我"进行了补充与延展。

其实,受朝鲜朝对清朝的社会总体想象的影响,洪大容在目睹中国的繁荣景象时,尽管在心底里仍然思念着大明王朝,从心理上不大情愿承认清朝的统治,仍将满族视作是"寄居中国"的夷狄,但是对于清朝建立后各地经济繁荣复苏的状况,却是相当肯定与大加赞赏的,而且不由得从内心滋生出对清朝文明的热切向往。他回国后撰写的"燕行"之作,大量描述清朝的繁荣与富裕,尤其大篇幅描写沿途市井生活与风俗,就是一个典型的例子。他认识到的清朝统治下的中国,其实仍是延续数千年中华传统文明之中国。因为有该思想作铺垫,才有了他与"古杭三才"推心置腹的交流。当然也因此当朴趾源斥他与"古杭三才"交流时,他能够较生气地回应道:"吾岂不知中国之非古之诸夏也,其人之非先王之法服也……制度虽变,而道义不殊。则所谓非古之诸夏者,亦岂无为之民,而不为之臣者乎?"②这些都与他主张的"自天视之,岂有内外之分哉"的世界观一脉相承,即承认所有国家之间是平等的,而每个国家都应按本国的自身特点寻求发展。虽然统治中国的领导层与制度发生了变化,但身居其间的中国百姓与大家寻求的"道义"没有变化,所以与"古杭三才"的交流就是与中国百姓的交流,它与统治阶级的更替没有实质性的关联。

形象是加入了文化的和情感的、客观的和主观的因素的个人的或集

---

① 孟华主编《比较文学形象学》,第5页。
② 洪大容:《湛轩书》外集卷一《会友录序》,第163页。

第四章 洪大容文学的形象内涵

体的表现。任何一个外国人对一个国家永远也看不到像当地人希望他看到的那样，这就是说情感因素胜过客观因素。① 尽管如此，洪大容还是通过个人的努力力求做到客观、真实地了解和反映清朝社会现实，通过回国后的著书立说为广大的朝鲜民众正确地认识清朝以及清朝百姓的生活，并将此作为参照对象反观朝鲜社会做出了不可小视的贡献。

洪大容对清朝的认识可以分为燕行前和燕行后两个阶段，而对他的认识产生直接影响的就是他在燕行途中看到的清代社会现实场景与了解到的各种生活细节。如果说在燕行前他的思想深处还留有对明朝的眷恋与惋惜之情，那么燕行途中他所目睹的历经百年盛世后的清朝的国泰民安、社会文明高度发展的现实，让他真正意识到了清朝治国的本色，更加坚定了燕行之前已初具雏形的北学主张。从跨国边境上的栅门开始，展现在他眼前的活生生的生活场景无一不触动和感化着他，使他更加迫不及待地想要了解清朝普遍的社会现实。他在燕行途中想方设法了解的百姓生活、社会状况，使其不仅对清朝创造百年盛世的各种政策与法规有了正面的认同，也为借机深入了解清朝社会的人文意识、经济乃至社会文明发展状况奠定了坚实的基础。所以他对上至皇帝、下到百姓的各阶层人士都给予了足够的关注，也更加深入地认识到百姓生活的安宁与社会发展息息相关的人类发展规律。

洪大容作品中的人物形象多为现实中的人物，其中有汉族、满族、蒙古族以及其他少数民族。他们的身份分别为文人、商人、官吏、百姓。他们栩栩如生、风格各异，代表了社会各阶层、各民族的思想、文化、风俗、意识，体现了当时中国社会整体的文明程度。当然，他在北京的天主教堂里接触的传教士与教堂壁画中的人物，还有教堂中代表西方文明的摆设与各种物品，也为我们提供了他从另一视

---

① 〔法〕布吕奈尔等：《形象与人民心理学》，转引自孟华主编《比较文学形象学》，第113页。

角了解并认识西方文明的崭新视野。他刻画的诸多人物形象并未局限于描写人物的外在形象,而是通过形象的着装、心理、言行、思想、意识等内在因素,更多地赋予形象以作者想要表达或传递的深层信息,所以该形象超出了形象本身的内涵,具有了代表作者思想与观点的象征属性,更成就了作者先进、开放的文化意识与敢为社会承担责任的历史使命。

第一节　中国形象

洪大容对中国的认识并不是从他跟随叔父踏上使行之路才开始的。因为在很早以前两国就有频繁的交往,信使们每赴京一次都要留下相关的记录,而这些记录早已在文人士大夫中广为传阅,成为他们了解和认识中国的窗口。可以说,游记作者往往扮演了双重角色:他们既是社会集体想象物的建构者与鼓吹者,又在一定程度上受到集体想象的制约,因而他们笔下的异国形象也就成为集体想象的投射物。[1] 洪大容勾勒出的中国形象也是如此。李朝朝鲜自称"小中华",主张"尊明攘夷"。在这种社会意识的长期影响下,燕行之前洪大容始终认为清朝只是传承中华文明的异邦人,并不是真正的继承者,对清朝的繁荣盛世也应与中华文明相区别看待。但自燕京回国之后,洪大容改变以往的对清认识,对中国社会的繁荣给予了积极肯定,通过编辑撰写《湛轩书》强烈主张学习当时中国的先进文明,呼吁"北学中国"。

在赴燕之前他早已萌生亲赴燕京一睹中国之文明的想法,而其夙愿终于在家人的精心安排下得以实现。他在燕行途中不仅验证了自己早先的一些想法与观点,还通过展现在眼前的现实场景否定并改变了

---

[1] 孟华主编《比较文学形象学》,第16页。

过去的一些陈腐认识，并通过与中国友人的真诚交流与接触，提出了部分崭新的社会改革理论与见解。所以，他对中国的认识可分为燕行前和燕行后两个阶段。他著述的内容包括衣食住行、风土民情、意识形态、治国理念等，涉及各个领域，应有尽有。而其中出现的中国人、中国文化、中国民俗等具体内容是后人了解当时的中国人文景观与社会发展状况的宝贵资料，也是了解当时审视中国文明的朝鲜文人的域外视角的难得史料。

（一）人物形象

作品中的每一个人物形象多少都带有时代的烙印，而当这些人物形象被作者赋予传递一种信息或理念的多层含义时它就具有了媒介的特征。洪大容的笔下有许多栩栩如生的现实生活中的人物，也有像《医山问答》中的实翁与虚子等活跃在作品中的虚构人物。现实中的人物有汉族、满族、蒙古族及其他少数民族，有文人、商人、官吏、百姓等。这些形象几乎涵盖了生活在当时中国社会中的各民族、各阶层人物，反映的是中国社会不同人群的生活现实。所以，从这些人物形象中我们可以了解洪大容对中国以及中华文明的认识，还有他对当时中国社会与人文状况的关注。他的笔下既有置名利于不顾苦苦追求真理的蔡生形象，[①] 也有类似"古杭三才"，身处满族的统治下屈身生活的汉族文人形象，更有享受着统治阶级特权穷奢极侈的满族统治者及其他少数民族各阶层人物形象。

1. 汉族形象

洪大容笔下的汉族人物形象可以分为在清朝统治下顺应社会的各项体制，欲通过科举谋求一生之功名的人物；索性放弃科举扬名之

[①] 洪大容：《湛轩书》内集卷三《与蔡生书》，第94页。
　　"比来雪寒甚剧。伏惟闲居味道，起处有相，穷理力行，日进高明。区区攒贺，无任鄙诚。"

路，欲通过小本生意谋求生活的平静与安宁的人物；身在统治阶级内部，为其近距离服务的人物。但洪大容在描写他们时都注意刻画隐藏在他们思想深处的对明、对清意识，并将这些与他们在实际生活中的境遇相联系，力求突出汉族形象不同于其他民族形象的独特而复杂的内涵。

洪大容首先通过与其交往甚笃的"古杭三才"的形象，塑造了在清朝统治下欲求一生之功名的汉族文人形象。他以"彼杭人辈当衣冠沦丧之世，为乡贡计偕之行，其非第一等人则明矣……且彼人辈，其情实有可哀，其事实有可恕，则愚亦略有说焉。盖其断发胡服，降志辱身，泯然为左衽之俗。则彼肆然挟天子之威，设法以拘之，已百有余年矣。当今之时，虽有圣贤豪杰之士，亦不必突然行古之道，而轻触时禁，以受阖族之祸也"，[①] 真实地再现了身陷满族统治下的汉族文人卑躬屈膝的处境。他认为这些汉族文人在发型与服饰上遵循满族的风俗，与满人打成一片，其原因就是现在的执政者手握治国大权一百多年来用法律规范社会的结果，所以即便是圣贤豪杰也不会为行陈腐之道而触及法令遭受灭族之灾。如此说来，汉族文人生不逢时，处在不幸的年代，承受着各种桎梏，并强忍痛苦与仇恨也是有其难言之隐的。所以作者虽然认为欲在清朝谋求功名的这些人不是第一等人，但他们不得已先顾个人而后有所遐想的行为是为环境所迫的，并对此发自内心地给予了同情与理解。接着他还以"况今时之中国也，不立于其朝则草莽而已矣。且康熙以后与民休息，治道简俭，有足以镇服一时。其耳目习熟，安若故常，百有余年。则华人之不能引义自废，奔驰于车弓之招者，亦不必深责也"，[②] 补充说明这些人如不试举就将湮没于草莽的现实。强调指

[①] 洪大容：《湛轩书》内集卷三《与金直斋钟厚书》，第99页。
[②] 洪大容：《湛轩书》内集卷三《与金直斋钟厚书》，第99页。

出：自康熙之后天下太平、百姓安居，汉族人已适应满族的统治，相安无事百余年，所以没有必要强求他们坚持对明义理而不试举。他是站在局内人的立场设身处地地为参与科考的汉族文人着想，通过合乎逻辑的说理对他们的言行进行了合理的辩护。这些说法体现了他的人文主义关怀，为他后来与形形色色的中国各类汉族人的交流提供了无限可能。

洪大容在不同的文章中多次自然地流露了汉族文人谨小慎微的言行。譬如在《乾净衕笔谈》一文中，他间接地描述了"古杭三才"在言及明朝之事时所表露的复杂情感。每当洪大容与他们进行笔谈时，他们都会仔细地阅读笔谈内容，一经发现涉及时局的内容就会立即撕毁。洪大容不仅记录了潘庭筠将笔谈的纸张一张张撕毁后吞咽的细节，还对此解释说："盖汉人于当今反同窃旅之臣，谨慎嫌畏，其势然矣"，[1] 对汉人无奈之语、谨慎言行发自内心地给予同情与宽容。其实在历史上，当异民族掌握政权主宰国家时，即便再优秀的原住民也只能先退居三分，然后再积蓄力量重新夺回政权，此例比比皆是。而作为个体，为了自己眼前的安危不得以放下自己心中堆积的郁闷，识时务以迎合统治阶级也是人之常情，无可厚非。所以在一向重视人性与主体性的洪大容看来，汉族文人的这些言行显然也具有其合理性与适时性。一言以蔽之，他是站在汉族文人的立场上，以个人的力量无法改变时代与社会现实为前提，为他们身为"弱者"的行为赋予了合理的内涵。

洪大容对潘庭筠等人回答朝鲜副使节时的情景[2]留下的一段记载，正好能够说明他本人目睹的当时中国汉族文人的形象特点，即"语及衣冠及前朝事，副使故为追问，多犯时讳，难于应酬。而不慌

---

[1] 洪大容：《湛轩书》外集卷二《乾净衕笔谈》，第214页。
[2] 洪大容：《湛轩书》外集卷二《乾净衕笔谈》，第218页。

不忙，言言赞扬本朝，而间以戏笑，无半点亏洒而言外之意，自不可掩。则其事理当然，而顷刻立谈之间，周旋盖覆之状，亦奇才也"。① 潘庭筠虽不便回答明朝衣冠制度、明朝之事等关乎时局的敏感问题，但他在不慌不忙之中不仅句句赞扬清朝，还以夹带玩笑的口气表明了严谨的事理，更没有露出半点破绽，而其立场也正好代表了当时中国汉族文人的普遍心声。心中虽有诸多不满与积怨，但眼前的现实与所处的环境迫使他们不得已掩盖事实敷衍外国使臣。即便是相交甚欢的外国朋友，考虑到时局状况，也只能谨慎行事，对敏感话题巧妙带过。所以洪大容虽在嘴上说："若其治举业干仕进，则圣贤豪杰之士固不应为此"，② 但对他们进京赶考还是表示出深深的理解，并为他们的做法给予了合理的解释。

在一向重视人性与主体性的洪大容等北学派人士看来，造成汉族士大夫附清的原因很多，其中之一就是乾隆时期随着满汉两个民族之间的矛盾逐渐缓和，清朝统治已经稳定，国家富裕安宁，百姓安居乐业，士大夫也过上了安逸舒适的生活，早已消磨了反清复明的激情；再加上通过标榜程朱理学笼络人心，所以该时期很多中国汉族知识分子已经从反清转变为附清。不过，洪大容通过与"古杭三才"等汉族文人的接触与交流，还是读出了他们心中掩藏着的思明心理。其实造成中原士大夫既思明又不敢言的矛盾心理的最主要原因，是清朝统治者利用文字狱实行的严厉的文化专制，在学术界一直施行高压政策，对清朝的臣民士庶进行了严密的思想控制，并对有违于清朝统治者利益与意志的言论进行了残酷镇压。其中最典型的做法就是施以强硬手段，实行"禁书"措施。③

当然，洪大容与"古杭三才"分别之际曾对严诚的"彼言做官

---

① 洪大容：《湛轩书》外集卷二《乾净衕笔谈》，第218页。
② 洪大容：《湛轩书》内集卷三《与金直斋钟厚书》，第99页。
③ 徐东日：《朝鲜朝使臣眼中的中国形象》，中华书局，2010，第206页。

奉使，或有后会之期云"一语，回答道："则某答云如此，则某不愿见也"，有些出乎人们的预料，与我们所了解的其对"古杭三才"的看法似乎自相矛盾。但可以肯定的是，该句是出于他对仕途的一贯看法所表露出的期望，而不应与他对"古杭三才"处境的早先认识混为一谈。该对话实际上恰恰再次证明了洪大容不问仕途、追求实学的坚定立场。更需指明的是，他的此番言谈并不是要将自己的意志强加于别人，恰恰相反，他是想本着实事求是的态度为对方寻找合理的解释。

此外，洪大容还通过《乾净衕笔谈》间接披露了随着与"古杭三才"的频繁接触，信任加深，谈论涉及明朝之事时"古杭三才"表露出的感情与心理变化。其中，既有对明朝的眷恋与惋惜，如"每于逢场，以笔代舌。而谭草涂抹者，多或赞扬时制，嬉笑而示志。或语及古昔，相顾而吞声。至书牍诗画，皆去年号，以从吾辈不志"[1] 等；也有对明朝灭亡的悲痛与无奈，以及作为臣民的羞愧，如"往往见我辈服着，称以明朝旧制，而颇有愧恨之色。而或提天启事，只愤惋不平而止。盖由当场面对伊发左衽之为羞，有甚于熟习已久而殷层裸将之至痛也"；[2] 更有如"兰公色变良久，余咎平仲以交浅言深。兰公乃曰：此乃草率之语。大指亦不过谓中华乃万国所宗，今天子圣神文武，为臣者当爱戴依归之意而已。尊周所以尊国朝也"，（严诚和潘庭筠）"两人遍考问答。其稍涉忌讳者，或裂而取之或全取之，势不可挽止之，此则前后皆如是焉"[3] 等，每次笔谈后，仔细看遍内容，稍有涉及时局的部分就撕毁等身处清朝统治下时刻谨言慎行的处境。对此，洪大容总结道："盖汉人于当今反同窜旅之臣，谨慎嫌畏，其势然矣"，[4] 表明了作为汉人他们在清朝社会中失

---

[1] 洪大容：《湛轩书》内集卷三《又答直斋书》，第103页。
[2] 洪大容：《湛轩书》内集卷三《与金直斋钟厚书》，第99~100页。
[3] 洪大容：《湛轩书》外集卷二《乾净衕笔谈》，第254页。
[4] 洪大容：《湛轩书》外集卷二《乾净衕笔谈》，第214页。

去自由，不能随遇而安的悲惨现实，也抒发了对他们的深切同情，即"使三代遗民圣贤后裔剃头辫发，同归于满鞑，则当世志士悲欢之秋。而神州厄运，十倍于金元矣。况是几年服事之余，宜其哀痛伤恳之不暇"。① 当时清朝的汉族士大夫阶层也早已接受了满族统治的现实，逐渐习惯于穿满族的服装，甚至把原来汉族的衣冠看作异乡的服饰。譬如，潘庭筠看见洪大容戴着方冠穿着宽袖长衣就啧啧称赞他"制度古雅"，却不知这原本就是明代的秀才常服，结果还得由洪大容反过来告诉他：我们穿的衣服都是明朝遗制。如是，洪大容唤醒汉族文人历史记忆的资源使得潘庭筠想起自己民族的历史，在心中感到赧然和愧疚。对此，洪大容一针见血地指出："余曰：'中国衣冠之变，已百余年矣。今天下，惟吾东方略存旧制，而其入中国也，无识之辈，莫不笑之。呜呼！其忘本也。见帽带则谓之类场戏，见头发则谓之类妇人，见大袖衣则谓之类和尚，岂不痛惜乎？'"② 他对身为汉人的这些人不识中华之正统衣冠制度，反而将明朝的帽带、发式、宽袖道袍视为奇装异服感到无比的痛心。说到底，他在思想意识上虽认可清朝的统治，并强调向清朝文明学习的迫切性，但其封建士大夫的家庭出身使他仍然无法轻易摆脱"尊明攘夷"的陈腐观念，暴露了遵循明代衣冠制度给其带来的自豪感与对清朝社会丢弃的明朝旧制的怀恋，进一步验证了他将清朝文明与清朝统治相分开思考的根本动因。

除了"古杭三才"之外，洪大容还借写给潘庭筠的信，提到孙有义与邓师闵等文人，评价他们是"具有文学，爱人好义，气味温厚，与弟一见许心，余情恋恋……二君才学，虽不足拟议于兄辈之高雅，而为人端良，貌如其心，亦是可与友者，幸兄熟思之"，③ 称赞他们的人品与学识，强调他们是值得一交的朋友，并敦促"古杭

---

① 洪大容：《湛轩书》内集卷三《又答直斋书》，第104页。
② 洪大容：《湛轩书》外集卷二《乾净衕笔谈》，第220页。
③ 洪大容：《湛轩书》外集卷一《与秋庼书》，第184页。

三才"与其结为友好以利之后联系。当时,中国文人在文字狱的高压震慑下唯恐触犯忌讳,一直是诚惶诚恐,精神始终处在压抑的状态中。洪大容等朝鲜燕行使臣在京滞留期间,大都明显地感觉到,越是地位高、有名望的士人,态度就越谨慎,或吞吞吐吐,或避而不谈;而或有敢于直言不讳者,则都是民间人士。洪大容通过不多的篇幅塑造了郭生、蒋生等其他汉族文人的形象。无论是以"叹曰仕有荣时,亦有辱时。才高者在野,金多者在位。今世为官,我亦耻之"① 慨叹生不逢时,因生活在清朝遂不入仕的小店主人郭生,还是"书明朝,故低一字,以示尊之至意。看毕蒋即裂去之,汉人之畏慎每如此"②的小心翼翼的蒋生,他们都同"古杭三才"一样生活在清朝的屋檐下,饱受着谨慎度日的艰辛,由此在言行上也更加小心。洪大容通过以上人物描述了除"古杭三才"以外的其他不同类型的汉族人的尴尬处境,突出地刻画了他们与时局息息相关的命运,进而给予他们以真诚的理解与同情。

洪大容等朝鲜使行团人士接触到的只是少数汉族士大夫,不足以代表整个清朝的汉族文人,他对此深感失落痛心。简单看来,他对以"古杭三才"为首的诸多汉族文人表现的同情,出于他们原本是大明有身份的臣民,但因明朝的灭亡沦落为清朝的下等臣子,更因其与生俱来的身份不得已谨小慎微地行事,还要饱受世态炎凉之苦。所以,同情是人性关照的一种体现,是一种发自本能的关怀。不过细究起来,也不能无视第一章在洪大容华夷观的认识中提到的,有关《又答直斋书》一文中出现的"不幸沦没,臣服胡戎"与"使三代遗民圣贤后裔剃头辫发,同归于满鞑,则当世志士悲欢之秋"之句。应该看到,在他思想深处仍然隐藏着将清朝视为外夷的想法,而他对清

---

① 洪大容:《湛轩书》外集卷七《沙河郭生》,第317页。
② 洪大容:《湛轩书》外集卷七《蒋周问答》,第296页。

朝的认识上的转变更多地体现在文化层面上。可能正是该"视清为夷"的想法影响了他对"古杭三才"等汉族文人的态度,进而对他们给予了发自内心的同情与关照。

2. 满族形象

洪大容对满族的认识与他燕京之行密切相关,如果说燕行前他对满族还抱有成见的话,燕行途中的所见所闻则彻底地改变了他的成见,让其从新的角度重新审视满族以及他们所建立的清朝,进而从心中存有的对明义理观中解脱出来,客观、公正地分析和评价了清朝盛世的根源所在。他笔下的满族人物形象主要有康熙皇帝的曾孙——两浑等皇宫贵族形象,有周学究等普通满族文人形象,以及通过只言片语描述的满族妇女和仆人的形象。而他在描述的过程中更多地将满族与汉族进行比较,揭示不同民族心理与习俗,凸显了各民族的风格与特色。

他以"两浑年三十一,面赤而麻……少文雅气,但气味宽重,不妄言笑。开怀唯诺如逢旧识,则满族之素性也",[①] 描述两浑虽欠文雅之气,但性情宽厚、举止庄重、不苟言笑,对初次相见的人能够做到如遇老朋友一般开怀畅答,而这正是满族人的天然本性。他对两浑的印象很好,不仅肯定了对方的性情,还对对方的热情好客很满意,直接认可了满族人的天然之本性。他还借朝鲜朝世子询问有关中国人才状况的机会,进一步补充了他对满族人的正面认识。他将汉族人和满族人的性格进行比较说道:"盖汉人多才艺,满人多质实。论人品则满胜于汉,此则前辈日记已有是言也",[②] 说明了在才艺上汉族虽胜于满族,但论人品则是满族胜于汉族,并借前人的记载和史料证明了该说法的可信度,再一次正面评价了满族人的性情。

---

① 洪大容:《湛轩书》外集卷七《两浑》,第311页。
② 洪大容:《湛轩书》内集卷二《桂坊日记》,第85页。

第四章　洪大容文学的形象内涵

洪大容在对清朝皇室宗亲的服饰与汉族服饰进行比较之后，指出："两傍拆尺余，以自异焉。其外诸服饰满汉无分焉"，① 证明除了皇室宗亲为区别于平民百姓在服装的两侧开启之外，汉满两民族的服装与装饰大致相同。他对满族妇女的服饰描述如下："（满族）妇女盛服不得见焉，概为长衣几曳地，狭袖比男服稍宽，时见穿阔袖者，下有裳襞积甚细。"② 他还用相同的比较方法，对汉族和满族妇女的发髻进行了说明，即以"蓝闺服尚存华制，满汉略同。惟汉女缠足小鞋，满人及汉军家不然。汉女髻上多戴小冠为异也"，③ 介绍了满汉两族的妇女除了汉族的缠足小鞋和戴在髻上的小冠装束外，在服饰上已无明显差别。而这些细微的差异正好从另一侧面反映了清朝出现民族大融合之后，各民族之间是相互交流和影响的，所以汉族和满族的服饰以及妇女装束虽仍有些细小的差异，但已不明显且渐趋一致。时至今日，从史料和现实中我们仍可以了解到，满族早已摒弃本民族固有的服饰和装束，从外形上与汉族显示出别无二致的特点。由此可以大胆地断定，这与当时满汉走向趋同的生活习惯不无关联。

洪大容笔下既有对满族人以及他们性格的正面肯定，也有对他们作为特权阶级所享受的奢华之风的批判与否定，所以说他笔下的满族人形象是可以信赖的有血有肉的活生生的人物形象。康熙皇帝的曾孙——两浑曾请洪大容的侍从德亨入官邸，而洪大容正是借德亨之言描述了清朝皇族的住宅以及他们的真实生活场景。"见屋宇雄高，左右有行阁数十间，皆垂锦帘，意皆守卫徒隶之居……至正堂，益壮丽……"④ 其中既有对壮观、华丽的清朝皇族住宅的介绍，也有对他们的仆人的生活环境的描写，尤其是从下人房屋门帘都是锦缎可以发

---

① 洪大容：《湛轩书》外集卷十《巾服》，第404页。
② 洪大容：《湛轩书》外集卷十《巾服》，第404页。
③ 洪大容：《湛轩书》外集卷十《巾服》，第404页。
④ 洪大容：《湛轩书》外集卷七《两浑》，第314页。

现这些人受惠于高居统治阶级的满族特权，享受着不同于常人的优越的生活条件，从另一侧面体现了清朝经历百年盛世后奢华之风的悄然蔓延。而其后描述的有关侍女服侍主人用餐的场景，更是见证了皇族日常的腐败奢靡与浪费成性的生活画面。虽然"侍姬十余人齐应曰啊，披帷而出，列立请命，珠翠照耀……有间，进桌子，以次列饼果及饭肉，终日不绝"[①]的情景正面反映了康乾盛世带来的物产的极大丰富，以及皇族生活质量的明显提高，但也暴露了奢华背后潜藏的社会危机，由此预示了极盛必衰的社会发展规律。

在朝鲜朝人的社会总体想象中，任何服饰衣着都应该依照明代的服饰礼制而行，而朝鲜朝的服制又大多与明朝的服制相似，所以洪大容在与"古杭三才"交流时不失时机地批评了清朝没有继承明代服制的现实。他曾指着自己的服装对中国友人说："此乃戎服，似是明制，而不敢质言。官者朝服及士子道袍，大抵袭明制尔。"[②]该对话内容实际上说明在洪大容的意识中服饰的原型应源自明朝，即理所当然应追求一种与明朝服饰的统一，从而批判清朝擅自改变明朝服制，就是违反了中华服饰应统一的传统规范。

洪大容虽然肯定了清朝的文明，对满族也怀有好感，但他的出身与他所受的社会环境的熏陶，使他骨子里仍存有优越于满族的自负心理，而他与周学究的交谈内容更是具体地暴露了该想法。周生实为汉族，但在清朝夺取政权统一中国的过程中因其先人早早归顺有功，遂身份被定性为"旗下汉军"。他享受特权可以自由地参加满族人的试举，其子孙也可世袭"旗"身份。在本书中拟将他暂定为伪满族人，通过洪大容与他的一段对话具体认识这类"旗下汉人"的学识与特点。而"书问曰：《易经》有程传，有朱义，考文主何说？周生答：

---

① 洪大容：《湛轩书》外集卷七《两浑》，第314页。
② 洪大容：《湛轩书》外集卷二《乾净衚笔谈》，第217页。

语不可了解。请书示，则不肯也。又问曰：《诗经》主集注乎？主小序乎？亦变色不答"，① 正是深藏在洪大容思想深处的针对满族人的优越意识。他毫无顾忌地向周生提出有关朱子与《诗经》的问题，而通过周生对这些学问的无知与尴尬，得到了在学问上朝鲜人胜于满族人的心理上的满足。他借周生之口不仅介绍了伪满族人的无知与愚笨，同时也介绍了当时如果人们习得清朝书籍或会说满语就容易步入仕途，而他们伪满族人由于特殊的身份，相对其他汉族文人更易升官发财。洪大容在与周学究的交流中只了解到清朝的考试制度、可参加试举的汉族人的条件、汉族人的等级、沈阳5部的地位及待遇等公式化的官制，在学问上没能找到共同话题进行深入的交流。所有这些，当然也影射了封建士大夫出身的洪大容长期在传统"华夷观"的熏陶下心存除"大中华"之外朝鲜乃为"次中华"的优越心理，而该想法正好通过较之于建立清朝的满族朝鲜人更优越的民族自豪心理适时地体现了出来。

总之，洪大容在反驳金直斋批评他与"古杭三才"的交流时所讲的，"若今时之夷狄也。以其久居中国，务其远图稍尚礼义，略傲忠孝，杀伐之性，禽兽之行，不若其初起之甚。则谓之诸夏之不如夷狄，亦何不可哉"，② 间接反映了他对满族的认识与认识形成的过程。即认为自从满族统治中国后，受中华文明之影响已懂得礼节与忠孝等文明规范，行为较之过去大不相同，而恰恰就是该变化迎合了清朝对中华的统治，由此创造了百年盛世的文明景象。摆在眼前的活生生的现实，再一次印证了他对清朝文明的向往是出自否定由夷狄建立的清朝文化，将清朝文明视为中华文化的认识。所以在他看来，满族的文明规范和文明景象皆来自中华文明的影响与

---

① 洪大容：《湛轩书》外集卷八《周学究》，第339页。
② 洪大容：《湛轩书》内集卷三《又答直斋书》，第103页。

渗透。

3. 其他少数民族及外国人形象

洪大容笔下的人物有他所关注的汉族、满族人形象，有能够体现清朝民族大融合社会结构的其他少数民族形象，更有间接体现清朝的国际地位、清朝的对外关系的他国人物形象。具体包括中国的回子、蒙族等少数民族和日本、鄂罗斯（俄罗斯）等国的人物形象。他借与孙蓉洲的书信往来介绍了回族迁入中华的历史事实，① 又通过游十三山时遇到的满族官吏家的家丁询问了回子的风俗与勇猛程度。不仅如此，他还借对回族人"回子非人类也。全无礼法，男女不避溲便，惟临阵凶猛，不怕矢石。以此我兵亦累败，常黑夜混战，几丧全师。幸其勇而无谋，行阵无法，卒破降之……回子亦用弓矢，其他兵器具有，但最怕中国放枪"② 的描述，指出该民族野蛮与凶悍的禀性，肯定了他们勇敢、好胜的性格，还提到他们惧怕中国的枪支，而弓是他们的主要兵器等情况。

洪大容通过《藩夷殊俗》简短地介绍了清朝所占土地为中国历史上各朝代之首，说明了向清朝朝贡的周边诸国的朝贡制度，并简略地介绍了其中部分国家的民族特征与风俗习惯。作为来华的外国人对到访的其他国家的外国人进行此番描述，可谓新奇而富有神秘色彩。从他先前对部分民族毫不知晓的情况看，他对这些人的描述与介绍出自他对对方表面的观察与认识，难免流于肤浅，甚至带有主观性。当然这些描述尽可能地涉及了与朝鲜朝情况的各种对比，令我们了解到当时朝鲜人对这些国家的认识，以及这些国家在与中国的关系上与朝鲜的本质区别。

---

① 洪大容：《湛轩书》外集卷一《与孙蓉洲书》，第206页。
　"回部即回纥之流，其入中国，盛于唐太宗之时，观史便知。"
② 洪大容：《湛轩书》外集卷七《十三山》，第318页。

第四章 洪大容文学的形象内涵

他以"琉球在中国东南海中,与我国隔海为邻"① 开头介绍琉球之国的地理位置的同时,对他们的使臣以及侍从做了较为详细的介绍。既有从着装区分官吏、翻译和侍从的说明,还有对他们帽子、鞋子和服装的具体说明,更有对上使和副使等人物特征的形象描写。例如:"上使净白少须,极有儒雅气。副使年老,皆恂恂畏慎,无粗厉意。……上使进退惟谨,战战有惧色,端拙短气人也。……及皇帝坐殿,使行随千官入午门。琉球使席,在我国使后,其从人皆不入焉。"② 不过其中最值得关注的是,他对清朝皇帝召见各国使臣时位置排序的说明。他将琉球所处的位置与朝鲜朝进行比较,以朝鲜朝在前、对方在后有意识地体现了当时较之琉球,朝鲜朝更受清朝之重视的事实。这也印证了他作为较之琉球在清朝更受重视的朝鲜朝使节,从心中倍感自豪。

在对诸多少数民族的描述中,他对蒙古族做了较细致的描述,以"蒙古或称鞑子,其通仕籍者,入学肆业者,衣帽与满洲无别。其以贡献至者,独以染黄皮毛为帽,状貌类多狞悍……至其馆,入门见四面围以土墙,无屋宇之制。广场莽荡,惟列十余毡幕,蒙人所寝处……蒙人来往者甚众,或持麝香求卖"③ 的内容一一介绍了他们的外貌、装束、家居习惯、主要从事的生意等。他还通过对蒙古族酋长外貌和印象的描述,即"蒙酋蹲坐瞠然,无延接之意。状貌顽丑,尘垢满面,见之令人怕心",④ 间接地介绍了他们的迎客方式与一些生活习惯,并以"见幕中,正圆,可容十余人。周铺羊皮及杂毛裘,当中置铜锅三足,高尺许,下炽石炭,幕顶撤盖,以受日光,兼通烟

---

① 洪大容:《湛轩书》外集卷七《藩夷殊俗》,第326页。
② 洪大容:《湛轩书》外集卷七《藩夷殊俗》,第326~327页。
③ 洪大容:《湛轩书》外集卷七《藩夷殊俗》,第327页。
④ 洪大容:《湛轩书》外集卷七《藩夷殊俗》,第327页。

气"① 介绍了他们居住的帐篷的模样与其中的陈设、各种器物的用途。而洪大容还针对东宫②有关蒙古族勇悍可畏的问题,回答道:"见其酋长,官至一品。而形容顽丑,去禽兽不远。但寝处不用温堗。其贱者冬夜露宿车上,霜雪满衣帽,冥然无愁苦色。其狞悍强忍,诚可畏也",③更具体地说明了蒙古族人的人物形象与不畏困苦的强悍性格。洪大容的描写包含了蒙古族人的家居习惯、着装打扮、外貌特征、待客方式以及民族特征,但以我们今天对蒙古族的了解,该介绍显得简短且流于表面,显然有失客观、公正。反而在洪大容之后赴燕的"汉诗四家"之一柳得恭④的《滦阳录》卷一《蒙古诸王》中,明确指出了当时清朝对蒙古的软硬兼施的政策,指明在清朝立场上最为惧怕的外敌实际上是蒙古,而热河的避暑山庄也是出于牵制蒙古的政治目的而兴建。由此,他很清晰地重新认识了朝鲜在国际关系中的地位,同时再一次反思了小中华意识纯粹是出于自我陶醉观念。⑤

洪大容对少数民族的介绍还涉及蒙古族和回回妇女的发型,将蒙古族妇女束发北髻的样子与回回女束发垂至地面的样子分别同朝鲜朝童女和新媳妇进行比较,总结说明它们有相似之处。⑥ 不仅如此,他还用"今制衣裳不相掩,裤不下系,露肉而不耻,真是夷风。惟松京裤系,间巷长衣,犹是妇服之近辈也",⑦说明中国妇女过去虽在

---

① 洪大容:《湛轩书》外集卷七《藩夷殊俗》,第327页。
② 东宫为后来的正祖,洪大容曾任当时为世子的正祖的老师。
③ 洪大容:《湛轩书》内集卷二《桂坊日记》,第85页。
④ 柳得恭(1748~1807),朝鲜朝后期实学家、诗人。他曾经两次赴燕京,一次赴沈阳,以中国之行为基础分别撰写了《滦阳录》(난양록)与《燕台再游录》(연대재유록)。
⑤ 〔韩〕李庚秀:《汉诗四家的清代诗接受研究》,第31页。
⑥ 洪大容:《湛轩书》外集卷十《巾服》,第405页。
　　"蒙古女来浴者,束发北髻,宛是我国童女装也。回子女束发,后垂几曳地,红帛韬之,亦近于东俗新妇长妆也。"
⑦ 洪大容:《湛轩书》外集卷十《巾服》,第405页。

着装上与朝鲜妇女别无二致，但今日之服饰已一改过去穿着严实、保守的传统，变得有些松散，并补充说明在良家妇女和间巷之女身上仍可发现过去服饰的痕迹。

洪大容的游记中还简单地介绍了大鼻鞑子（俄罗斯人），即以"大鼻鞑子者，即鄂罗斯，蒙古之别种。以其人皆鼻大凶悍，我国号之以此，国在沙漠外绝域，地出鼠皮及石镜。我国所贸于燕市者是也"，[①] 说明了他们居住的地理位置、人种的起源、相貌特征以及当地的特产。接着讲道，十年前鞑子数人因在中国的街道上行凶抢劫、强奸妇女招致清朝皇帝大怒，进而施以斩首后才算制止了他们恶劣的行径。更举出他们放出圈养的狗使客人大受惊吓的例子，说明了大鼻鞑人凶悍无礼与粗暴野蛮的特征。

以上众多人物形象的描写与介绍为阅读燕行记的读者了解并认识中国人、中国周围的异邦人，以及他们的风俗习惯和生活现实提供了宝贵的第一手资料，也使他塑造的中国的人物形象具有了如见其人的真实感。洪大容从人物的着装、言谈举止、性格、人品等细微之处，到对当时社会环境的认识、对生活现实的感悟以及对个体未来的设想，不仅刻画了各阶层、各民族、各种身份形形色色的鲜活的人物形象，还通过对这些人物的塑造间接地反映了当时的社会政治制度、文化环境、经济发展、外交活动以及民俗风情，应验了时代与人类个体息息相关的不变事实。在信息交流相当活跃、各民族间的人际交往异常频繁的今天看来，他对中国乃至周边国家各民族人物的介绍都是相当丰富和正确的。但也不得不承认，由于过去交通以及地理环境或外交上的制约，他的部分介绍不免有些即时性，流于表面，带有较浓的主观色彩。

---

① 洪大容：《湛轩书》外集卷七《藩夷殊俗》，第327页。

（二）社会形象

在文学社会学中，文学和社会的关系大体上应分为三方面来考虑，一是作家和他所属的社会的关系；二是文学作品和读者的关系，其中当然也包括以作品为媒介的作家与读者的关系；三是反映在作品中的社会现实之间的诸关系。① 洪大容就是借助这种社会与文学的紧密关系描写和刻画社会现实的，同时通过文学作品中勾画出的社会缩影反映了最真实、迫切的社会问题。

在洪大容的著作里不难发现他对清朝贤明政治的赞赏，对清朝持续百年盛世之现实的惊叹与羡慕。他甚至与东宫交流时，都不假思索地道出："见畅春园，而知康熙真近古英杰之君也。共享六十年太平，有以也"，② 并对其理由用"畅春园墙高不过二丈。循墙而行不见峻甍，当门窥望，制度极其陋朴。夫舍皇城壮丽之居而逊处于荒野之中，宫室之卑陋如此，民到于今，称以圣君。可知其为英杰也"③ 的一番描述，进行了较为客观、详细的说明。他用畅春园的朴素、简洁、萧条，甚至于有些简陋的外观，衬托出了康熙的贤明与突出业绩。他将畅春园与圆明园、西山作一比较，在窄小、朴素的畅春园的映衬下烘托出圆明园的雄伟、华丽，西山的壮观巧妙之风格。与此同时，他直言不讳地评价道："宫室之奢俭，其君之贤否。世运之升降，可卜。"④ 这是洪大容根据自己的所见所闻发出的真实感慨，也是他潜意识中塑造的贤明君主和与之相反的庸君形象，更是他发自内心欲向清朝的先进文明学习的根源所在。

洪大容从民俗、百姓生活、宗教等多方面塑造了庞大的中国

---

① 〔韩〕朴粲祺等编《接受美学》，韩国高丽院，1992，第13页。
② 洪大容：《湛轩书》内集卷二《桂坊日记》，第84页。
③ 洪大容：《湛轩书》内集卷二《桂坊日记》，第84页。
④ 洪大容：《湛轩书》内集卷二《桂坊日记》，第84页。

社会之整体形象。具体有边疆城市的热闹风景、剧院和街边的戏剧、婚丧揖拜、宗教信仰等诸多内容,这些都是当时中国社会中存在的真实生活场景,无论是从社会学还是文化学角度,对研究和了解当时的中国都是不可多得的第一手资料。凤城虽为边疆城市,但正如他所写的:"凤城编户仅数千,土城尽圮。惟市肆夹道,橙卓區牌,雕彩炫人,车马填塞,亦边门一都会也",① 在他的笔下焕发出了勃勃生机,也代表了当时中国边疆城市的繁荣景象。针对戏剧,他在与潘庭筠的交谈中表露了自己的心迹,即"中国戏台,专用古时衣帽,想已习见之也……虽是不经之戏,余则窃有取焉",② 认为从中可以感受到明制与汉官的威仪,所以虽不足为斯文的游戏,却有趣味与欣赏价值。他还借《桃花洞》一文,以"临街方设场戏,观者塞路",③ 说明了当时在京城以外的各地方其实没有专设的剧院。场戏虽多在路边露天表演,但人们对场戏的喜爱之情却不亚于任何游戏,以至于往往有场戏的时候就会出现道路堵塞的现象。洪大容通过戏剧中出现的汉族官吏的着装、步态、行为举止,说出了掩藏在内心深处的对汉族官吏威仪形象的认可,即"其官人皆着网巾、纱帽圆领,宛有华制。耸肩大步,顾眄有度,所谓汉官威仪者,其在斯矣"。④ 紧接着,他将在玉田县看到的露天戏剧《快活林》同在京城看到的戏剧进行比较,认为剧场规模和陈设虽不能与京城相比,但因看懂了剧情,又觉得欢喜有趣,这才真正理解了世人对戏剧喜爱之原因所在。此外,他还对街边流行的小丑表演、魔术表演(《燕记·幻术》)、双簧(《隆福市》)等民间戏剧一一进行了介绍,让读者间接地看到了除了戏

---

① 洪大容:《湛轩书》外集卷八《沿路记略》,第345页。
② 洪大容:《湛轩书》外集卷二《乾净衕笔谈》,第218页。
③ 洪大容:《湛轩书》外集卷九《桃花洞》,第366页。
④ 洪大容:《湛轩书》外集卷十《场戏》,第397页。

剧以外中国还有各式各样的民间表演形式，充分地展示了市井生活的百态。

他在热心介绍中国城市风景与市井万象的同时，没有忘记通过与严诚、潘庭筠等人的交流了解中国的揖拜礼节和婚姻风俗，即通过潘庭筠之口"引见天子圣人，九叩头。寻常礼数四拜，父母八拜"，在熟悉中国的揖拜礼节的同时，借"兰公曰：男家先备彩礼名帖往迎，特新郎不亲迎耳。余曰：中国于丧家，动乐娱尸，极可惊骇。兰公曰：此皆习俗相沿，古礼废已久矣"，[①] 简单地了解了当时社会广为流行的婚礼风俗，以及陈旧的丧礼风俗的消失。

婚姻是最能体现各国、各民族生活习惯、民风特点的典型风俗之一。洪大容在燕行途中通过与车夫王文举的交谈了解了不少中国的生活习俗，其中不乏与婚姻相关的内容。通过王所讲的"村人嫁娶，富者费千金，贫者亦不下五十金，其成礼也。汉军家，婿在其家，只送名帖于妇，妇乘车至婿家，相拜行礼而仍宿于婿家。满洲家，婿必亲往迎妇，而亦成礼于婿家。但婿往或骑马，或步行如平时云"，[②] 了解到在当时中国北方的农村，不论是富人还是穷人如想迎亲必须准备不菲的彩礼，而在婚礼形式上汉族和满族又表现出了较大的风俗差异。即汉族不需新郎亲往迎妇，但满族不然，必须由新郎亲自前往迎亲。与此同时，洪大容也不忘借此机会介绍本国的婚礼风俗，通过简短的"东国俗及古礼，必具大夫品服车马"[③] 两句，让众人认识到了承袭传统婚姻习俗的朝鲜婚姻形式的烦琐，并说明举办仪式的隆重。所以说，洪大容不仅关注社会的发展与变革，为走向衰败的朝鲜朝社会提出具有建设性的改革主张，还力求通过能够切实体现百姓生活真实的婚姻风俗，自然地介绍中朝两国百姓的民风，丰富了社会

---

① 洪大容：《湛轩书》外集卷二《乾净衕笔谈》，第217页。
② 洪大容：《湛轩书》外集卷八《沿路记略》，第347页。
③ 洪大容：《湛轩书》外集卷八《沿路记略》，第347页。

第四章　洪大容文学的形象内涵

形象的具体内涵。

在《京城记略》篇中有一段关于满族人的行为举止和礼节的介绍,① 其中讲到当看到满族的大官或端士都挥臂疾步行走的样子,才真正感觉到穿着古装、耸着肩、大步行走的汉族官吏从来就是威严的。接着比较汉族和满族的礼节,说明了与汉族致敬时拱手的习惯不同,满族在朝廷仪式上是以垂手疾行为礼的,而满族的下层百姓则是以屈一膝、双手接地为最高礼仪的。他又借当他们前往拜谒严诚、潘庭筠时,对方表现出的礼节,"二人闻之,出迎于中门外,屈身肃揖,极其致恭。引我辈先行,盖中国之俗也。辞谢而后行,将入门,二人先至门,掀帘待之,入门扶我辈,坐于炕上,各以椅子对坐炕下,此亦其俗也",② 间接说明了汉族迎接客人的风俗。其中具体讲到极其恭敬地出门迎接客人,屈身作揖后让客人先行,以及抢先一步掀帘礼让客人的风俗等。随后又通过"客至则平交以上,皆迎送于大门之外,凡入门让登,必客先而主人随之。客座必在炕上,或北壁下,每门揖让,曲有礼意,犹三代遗俗也"③ 的补充,更进一步详细说明了礼让客人坐炕,主人对坐炕下的主客方位及该风俗带有的夏商周时代的烙印。

洪大容出身于朝鲜朝时期典型的士大夫家庭,从小深受儒教文化的熏陶是不言而喻的。而礼仪之道是儒教文化中相传较为典型的核心因素,是能够评价主体文化内涵的重要尺度之一,所以对汉族、满族礼仪的介绍及比较,间接体现了洪大容作为传统士大夫文人对中华礼仪的关注,并从汉族的礼仪风俗上说明了中华作为儒教发源地所遵循的礼仪规范。

洪大容对当时盛行于中国的各种宗教皆有记录,并将各宗教信奉的教义与教徒之情况一一做了简略说明。他对宗教的关注和好奇

---

① 洪大容:《湛轩书》外集卷八《京城记略》,第359页。
② 洪大容:《湛轩书》外集卷二《乾净衕笔谈》,第213页。
③ 洪大容:《湛轩书》外集卷十《屋宅》,第402页。

源自他活跃的思维与善于思考的品性，即虽不得而知却给予认真关注的习惯。他在给孙蓉洲的信中问道："中国寺刹，往往见其庙宇极宏侈，而缁徒多零星，程子所称三代威仪，绝未见焉。岂释教之衰替耶？或云本朝度僧有制，凡寺刹僧有定数，信否？都下及奉天府，黄衣僧甚盛，自称喇嘛，类多骄悍，全无山人气度。喇嘛是西方绝域，不应尽是其人。且其言貌直是蒙古，此果何种也？"① 洪大容提出寺刹虽多而只有零星僧人是否为佛教衰退所致，还说到清朝许可的僧侣人数有限，而燕京或奉天府有很多称之为"喇嘛"的穿黄衣的僧人，他们多骄傲而凶悍，毫无出家人之风格，言谈和相貌却又酷似蒙古人，那么他们究竟是何许人也？对此，洪大容借回复孙蓉洲的机会给予了认真的说明，"以香火地寡，所入不足以笺也……度僧，近亦无制，数亦无拘，凡愿出家者听之……"② 他还对喇嘛教（藏传佛教）介绍道："凡皇帝所句管者，皆令黄衣喇嘛僧居之。喇嘛者，西番绝国释徒。从喇嘛来者，往往有神异幻迹。自康熙时，已尊崇之为国师。其后，度蒙古人为僧。从喇嘛学，衣帽皆黄，其在雍和宫弘仁寺者，已数千人。皆仪貌佟悍，全无山人气味。喇嘛神异之迹，想亦衰矣。"③ 从喇嘛教的由来、喇嘛教渐受尊崇、跟随喇嘛一同来者多成为国师、向蒙古人度牒（许可为僧的证明）和培养他们成为喇嘛僧、喇嘛的相貌以及享受的特权（奢侈生活）等多个角度对喇嘛教教义盛行、出家成为喇嘛僧过程做了简要而清晰的说明。自然也没有忘记补充说明，"榻上如来塑像高二三丈，左观音右普贤"，对榻上观音像和普贤像的摆放情况进行了描述。

　　洪大容对朝鲜朝世子——东宫提出的有关道教是否传入朝鲜一事，回答说："道教虽为三教，捏合仙佛绪余，杂之以祈禳符咒之

---

① 洪大容：《湛轩书》外集卷一《与孙蓉洲书》，第 207 页。
② 洪大容：《湛轩书》外集卷一《与孙蓉洲书》，第 208 页。
③ 洪大容：《湛轩书》外集卷十《寺观》，第 399 页。

术，其学不足说，我国尤无传焉"，① 批评了道教的教义是从天主教和佛教借部分内容来捏合凑成的，所以杂有祈祷、贴符、诵咒之术，不值一提，更不可在朝鲜传播。

以上可以看到，洪大容作为局外人不仅看到了中国境内的佛教、喇嘛教、道教等宗教信仰，介绍教徒的着装、行为举止，还从教徒的人数、外貌特征、生活状况间接说明了这些宗教在当时社会中的地位，并从主观认识出发批评了道教的非正统性，主张在朝鲜不应传播道教。他对清朝社会中各色宗教的描述虽有些肤浅和欠全面，但至少为不明中国社会宗教状况的朝鲜读者提供了一个了解中国宗教现实的机会。

如上，洪大容对中国市井百姓的生活、世间流行的风俗礼仪、盛行的宗教等社会景观作了丰富而翔实的描述，并欲通过这些塑造当时中国社会的整体形象。社会由社会中人与这些人创造的精神生活、物质文明等诸要素，以及社会中人信奉的宗教信仰、构筑的意识形态等构成。当作家对社会的以上各层面有了较为全面、客观的认识时，其作品中体现的社会形象就有了无限生命力，能够唤起读者的好奇与思考，进而敦促他们积极主动地去接近它。洪大容作为朝鲜人，从异域视角审视并记录中国社会形象，不免有失公正或有所缺欠，但因他所处的朝鲜社会环境，他的描述更多地体现了拟为朝鲜提供借鉴的参照对象，让百姓了解更为广阔的域外世界，最终达到唤醒朝鲜百姓的自觉意识的目的。总之，洪大容通过燕行录将耳闻目睹的清朝社会整体状况作一详细记录，与他通过将朝鲜百姓未曾见识和了解到的状况告知大家，供大家一同感受的目的息息相关。

（三）文明形象

社会的发展与文明进步离不开人，文明的表象特征又体现在百姓

---

① 洪大容：《湛轩书》内集卷二《桂坊日记》，第89页。

生活中具有现代色彩的风俗、习惯、事物，所以人类是文明的始作俑者，同时也是烘托文明景象的生动媒介。朝鲜使臣们在燕行过程中对沿途各城市及乡镇的市井风情进行了描述与评论。他们在看到中国境内各种大小规模市集的繁华的同时，注意到了与市集相关的民俗与文化，并看穿了繁荣背后的一些社会问题。最为难能可贵的是，他们以外来者的眼光通过燕行录对中国社会及文化做出宝贵的评价，表达了自己对这些问题的看法。朝鲜使臣亲眼看到的中国的繁荣景象与文明程度与他们想象中的"夷狄"统治下的国家完全不同，使他们心生感慨，并在客观上肯定了清朝对中国的统治。

在朝鲜朝北学派人士撰写的各类"燕行录"中，有大量直观描写18世纪中国北方市集繁荣景象的文字。此时正值中国商业最为发达的时期，因而朝鲜朝北学派人士皆对沿途见到的中国市集表现出极大的关注。在洪大容的笔下，既有对经济繁荣、物产丰富的大都市的描写，也有对人口密集、交易活跃的小城市集的介绍。洪大容对处于全国政治中心地位的北京城曾有如下描述："市肆，皇城最盛，沈阳次之，通州又次之，山海关又次之。在皇城，则正阳门外尤盛。"[①]认为其经济繁荣、物产富足的程度是沈阳等其他城市无法匹敌的，而其中最为丰富的市集要数正阳门外。

洪大容认为中国之所以能够保持百年的盛世，除了因为有清朝统治阶级政治上的英明决策外，更主要的原因是中国人的各种优良品质所致。他在《沿路记略》中不仅称赞了在酷热的作业环境中兢兢业业工作的帽厂工人、在路边拾粪的务农者，还通过宫殿建筑和道边有序排列的树木，称赞了中国人手艺的精巧和井然有序的办事作风。他以"风俗气味，比我国十倍宽厚。虽有盛怒诟骂者，一人发誓自明，

[①] 洪大容：《湛轩书》外集卷十《市肆》，第397页。

第四章　洪大容文学的形象内涵

怒者辄破颜开心，不复为疑阻色"，① 说明中国人之间虽也有互相谩骂斗殴之事，但只要一方提出道歉另一方必会接受，而之后双方更不计前嫌笑脸相迎。紧接着洪大容还借在正阳门内亲眼所见的实例证明了该说法的可信度。洪大容将中国人与朝鲜人进行比较后得出，中国人较之朝鲜人宽厚十倍，更直接地体现了其对中国人宽容大度的气量的肯定。

在洪大容与"古杭三才"的笔谈中，有一段关于明朝流行妓院的内容。具体讲道：清朝康熙皇帝执政时下达了废止妓院的禁令，从此这一风俗销声匿迹。针对此，洪大容赞道："康熙皇帝，我东亦称以英杰之君，此一事亦历朝之所不及"，② 不仅介绍了康熙是朝鲜人都认可的君主，还高度评价了他的业绩是过去历代君主所不及的。他还对严诚称赞清朝政府果断铲除叛贼，减少江浙一带百姓的税赋等说法，补充道："我东亦被顾恤，贡献奏请，事事便宜"，③ 明确表示出清朝对朝外交政策的宽容④与得当。他与"古杭三才"谈到王侯将相宁有种乎，"本朝入关以后，削平流贼，到今百有余年。生民安堵，其治道可谓盛矣。惟礼乐名物，一遵先王之旧则，天下尚论之士，庶可以无憾，亦可以有辞于后世矣"，⑤ 虽流露出对清朝未在礼乐名物上遵循先王的旧制而产生的惋惜之情，但也明确肯定清朝政治的贤明与得当。由此可以断言，洪大容对康熙皇帝及包括对朝外交在内的清朝各项现行政策是赞赏有加的，进而更加坚定了他的北学信念。

除了肯定清朝的各项政治制度之外，洪大容借在朝鲜朝不曾看到的清朝的先进器物证明了清朝社会文明的发展程度。如以"曾见正

---

① 洪大容：《湛轩书》外集卷八《京城记略》，第354页。
② 洪大容：《湛轩书》外集卷二《乾净衕笔谈》，第234页。
③ 洪大容：《湛轩书》外集卷三《乾净衕笔谈》，第273页。
④ 洪大容：《湛轩书》外集卷八《沿路记略》，第345页。
　　"使行到栅……凡我人惟骡驴有税，余外不问，盖以后往也。"
⑤ 洪大容：《湛轩书》外集卷三《乾净衕笔谈》，第273页。

阳门楼失火,惟架十数水车,飞泻如雨,顷刻而灭,有此巧器何畏火攻",① 介绍了具有极强灭火功能的先进的消防水车;又借向孙蓉洲提出的军事问题"万历中,东国有日本之难,始知有鸟铳而南北兵东征,穷天下之技而只有火箭及各种火炮而已。近见关东甲军,多持鸟铳,岂中国亦习用此器,而遍行于天下耶!此其威猛,虽胜于弓矢,装药装丸,终非拙速之器。尤非马上之用而关东持铳皆是骑卒田猎战阵便用,无异于弓矢云。则南方诸省亦尔耶",② 以及孙蓉洲的回答,间接说明了清朝当时已具备各种先进军事武器的事实。其中他特别强调,在全国军队中较普及的鸟铳步枪不仅具有强大杀伤力,还以其先进的功能可用于狩猎,所以是过去的弓箭无法比拟的战略武器与狩猎工具。

其实,当时的中国市集不光是商品交易的集散地,同时也是人们进行社交、文化娱乐的场所。而中国传统的市集作为社会交往、文化娱乐的场所,以庙会最具代表性。对于中国的民俗风情洪大容自然是非常感兴趣,所以对"隆福寺"留下以下记载:"缘街而北,左右货物尤盛,有一人独身,中立瞋目奋拳,或戏笑,或悲愁,口喃喃不已,数十百人簇拥聚观,往往齐解发笑,投钱如雨,盖呈戏而乞钱者也。"③ 洪大容虽然听不懂在市集中表演的艺人在说什么,但从观众的反响中猜测到了民间艺人的精湛技艺。这些对市集的翔实记载,使后人清楚地看到了当时清朝社会生活的断面,并借此解读市集作为商品交易场所之外的文化内涵。洪大容在《隆福市》一文中以"广庭可方百步,周设帘幕,日用百货,无不具。灿然如彩云朝霞,民物丛聚,摩戛不可行……见册市,充列百千帙书籍,签轴整秩",④ 描述

---

① 洪大容:《湛轩书》外集卷八《京城记略》,第357页。
② 洪大容:《湛轩书》外集卷一《与孙蓉洲书》,第207页。
③ 洪大容:《湛轩书》外集卷九《隆福市》,第379页。
④ 洪大容:《湛轩书》外集卷九《隆福市》,第378页。

第四章　洪大容文学的形象内涵

了市场繁荣热闹的景象，通过陈列的各种物品与排满书架的各类书籍，间接地体现了清朝百年盛世后铸成的极丰富的物产与人们安居乐业的生活场景，更凸显了社会文明带来的繁华景象。

洪大容作为朝鲜朝北学派的领军人物、影响朝鲜朝后期社会意识形态变化的思想家，对中国的观察始终带有思辨性。所以，他不仅对中国的文明形象给予了正面肯定，还对文明奢华之后的诸多社会问题与矛盾进行了尖锐的批判。例如，在与"古杭三才"的笔谈中谈道："中国庙堂甚盛，费尽无限财力。喇嘛僧坐食厚禄者，不知其几千数矣。沿路见贫民之不堪饥寒者，不胜其多。而沿路行宫之殿阁极其奢丽，且戏台何用而多有侈美，不胜伤叹"，[①] 将僧人与沿街乞讨的贫苦百姓作一比较，通过路边的豪华宫殿和戏台衬托了"朱门酒肉臭，路有冻死骨"的下层百姓的悲惨生活，揭露了僧人游手好闲、坐吃厚禄的现实弊端。当洪大容游逛琉璃厂时，看到街道两旁几千家商铺里陈设的价值上万的商品，说道："夹道诸铺，不知其几千百店。其货物工费，不知其几巨万财。而求诸民生养生送死之不可阙者无一焉，只是奇伎淫巧奢华丧志之具而已"，[②] 尖刻地指出这些琳琅满目的商品其实都是奇形怪状的奢侈品，却没有一样可用于百姓的日常生活。从中可以看出，他批评的直接对象虽是陈列在商铺中的各种文明器物，但他揭露的对象实为康乾盛世期中国社会不切实际的奢华之风，并对经济繁荣中催生出的部分新式器物与百姓生活无关感到由衷的失望。他作为始终关注民生，追求利用厚生的务实的实学派文人，当认识到中国社会的诸多文明事物与百姓生活毫不相关时，由此产生的不满情绪不言而喻。所以他能够发出"奇物滋多，士风日荡，中国所以不振可叹也已"[③] 的感慨，也是理所当然的。通过描写沈阳的

[①] 洪大容：《湛轩书》外集卷二《乾净衕笔谈》，第233页。
[②] 洪大容：《湛轩书》外集卷九《琉璃厂》，第380页。
[③] 洪大容：《湛轩书》外集卷九《琉璃厂》，第380页。

门市和商铺的装饰、酒楼建筑的翻修,以及商铺内部豪华的陈设,他毫不隐讳地道出了这些表面形象体现的实际上是虚而不实的奢侈之风。洪大容毫不客气地揭露了在清朝盛行的崇尚奢华的市井风气,批判清朝统治者的骄奢淫逸对中国社会造成的危害,更进一步尖锐地指出在看似繁荣的文化现象背后,实则隐藏着清朝文化的衰败与风俗的颓废。

总之,洪大容在感叹"入中国,地方之大,风物之盛,事事可喜,件件精好"① 之余,不无冷静地看到了存在于清朝太平盛世背后潜藏着的社会危机,并对此进行了尖锐的批判。他作为朝鲜朝后期北学派思想家,重视实用,格外强调统治者自身的节俭,坚决反对奢侈的行为。而潘庭筠所讲的"中华虽文物之邦,近名荣利者比比皆是"② 之语,更是从另一侧面暗示了中国社会可能潜藏着某些重大的社会危机。当然,在后来的历史发展过程中,洪大容所反映的这些危机一一得到了印证,清朝也为此付出了惨痛的代价。

洪大容塑造的中国形象相当饱满、生动,通过能够真实反映中国社会普遍现实的人物、社会要素、文明器物等直接展示了中国社会的发展面貌,注意利用正反两方不同的形象特点肯定中国形象中值得思考与借鉴的内容,同时借助腐化与侵蚀清朝文明的反面形象衬托出了社会的阴暗面。由正反两方面形象构筑的对清朝社会的整体想象不仅使读者了解了当时清朝社会的真实面貌,也为他们通过"他者"反观朝鲜社会现实,并提出匡正时弊的有效对策提供了有力借鉴。即,洪大容塑造的中国形象与对清朝社会现实的描写、介绍,其真实目的在于让国人了解和认识清朝社会,并以此为契机有所感悟与启发,将以审视、觉醒的目光反观朝鲜社会,为改变社会不和谐的发展状况与

---

① 洪大容:《湛轩书》外集卷二《乾净衕笔谈》,第218页。
② 洪大容:《湛轩书》外集卷二《乾净衕笔谈》,第216页。

落后局面献计献策。就如同从对作品的接受迈入到文学事件的延续过程，读者与批评家的被动接受自然要转换为积极的接受，进而刺激作家新的创作。洪大容就是通过"文学"渠道，直接践行了自己提出的社会变革主张。

第二节　西方形象

洪大容作品中既有对中国形象的描写，也有对西方形象①的描写；既有对人物形象的描写，也有对社会形象的描写。不过综合起来细细观察分析发现，将这些零散的文字形象最终塑造为概念范畴较大的"西方形象"，这样看似乎有些头重脚轻的感觉。但是为了使本节的论述与前节体例相一致，本节尽量囊括了洪大容文学作品中描述的几乎所有"西方形象"，并试图通过这些形象分析作者对西方文明的整体认识。

洪大容作为朝鲜朝中后期具有进步思想意识的学者，借仅有的一次燕行机会不仅注意观察中国社会的市井万象与隐藏在现实背后的各类社会问题，还借中国社会的平台接触并了解了在中国生活的西方传教士，并通过在教堂及商铺中摆放的西方先进器物，间接认识了较为发达的西方经济社会与各类文明产物。他接触到的西方人与看到的西方器物虽然有限，了解多停留在表面，但能够在燕行录中将对西方的主观认识条理清晰地记录下来，并附上个人对这些文明事物的理解，绝对显示了作为朝鲜有识之士的敏锐视角与善于思考的智慧。

自从马可·波罗发现新大陆，西方便兴起了一股向往、关注

---

① "西方形象"中的"西方"是指地理概念意义上的西方，而"西方形象"是指包括西方人、西方事物、西方生活习俗在内的可以反映西方社会万象的各种对象的总和。

东方的热潮。而在该社会思潮的推波助澜下，西方诸多善于冒险的航海家纷至沓来，一睹中国与东方的生活现实，并回国纷纷撰写了有关东方的游记或地理志。"东方热"促使西方传教士带着他们较为先进的科学技术进入中国传播，他们还在中国建教堂、说教、传播福音。在清朝，康熙皇帝更是迷恋西方的先进器物与学问，向多位西方传教士学习，并为他们提供教会与观景台等空间，让其安心传教或钻研学术。他还赐予他们技术官衔，使得他们的身份、活动更为自由。洪大容赴京之时正值康乾盛世，清代各种社会环境趋于稳定与完善，所以他在燕京目睹的是享受着特权的西方传教士，而他对西方文物的了解也多出于与他们的近距离接触与交流。

洪大容描述的西方形象中的人物形象只有包括传教士在内的宗教人物形象与挂在教堂墙壁上的西方壁画中的人物。确切地说，洪大容游历的是中国社会，目睹的是极个别的外国人，他本身又不具有对西方人的系统了解与研究，所以说对西方形象的刻画多少带有一些主观色彩与片面性。而通过西方物质形象反映出的西方文明形象，对从未接触过西方社会与西方人的洪大容来讲甚为新鲜，再加上他本人对天文、理学等诸多实用之学与生俱来的兴趣，这些形象更成为他急于了解的知识内容，也多了几分神秘色彩。出于个人的喜好与修养，他对西方的壁画观察得异常细致，在多处详细描述了壁画的内容与风格，从而间接反映了其在美术上的不凡造诣。

（一）人物形象

洪大容在燕京见到的西方人是传教士刘松龄与鲍友官。在与他们的几次会面中，他接触并观察到了西方先进的文明器物，看到了教堂以及内部墙壁上的壁画，了解了传教士的为人与品性。不过，他们的交流都是由洪大容一厢情愿促成的，所以多数时候都以洪大容问、对方答的模式进行。

燕行前期洪大容对西方人可谓是赞扬有加,指出:自明朝万历年间利玛窦来中国后西方人开始往返于两地,并以"有以算数传道,亦工于仪器,其测候如神,妙于历象,汉唐以来所未有也"① 之句,对西方的科学技术表示出绝对的推崇与认可。他还借"康熙以来,东使赴燕或至堂求见,则西人都欣然引接,使遍观堂内异画神像及奇器,仍以洋产珍异馈之"② 的描述,说明了西方人的宽容大度、热情友好,尤其刻意提到了对朝鲜使节的友善态度。综上,他先前对西方人以及他们的文明是持肯定态度的,并对他们的先进技术仪器给予了高度评价。但他在燕京滞留期间接触到的西方人并未给他留下更好的印象,所以后来他对这些人的描写是相对肯定的,同时多了几分否定与刻薄。

开始,他对两人的外貌和身份客观地进行了描述,以"刘年六十二,鲍年六十四,虽须发已衰白,而韶颜如童,深目睛光如射,宛是壁画中人也。皆剃头衣帽,为胡制。刘戴亮蓝顶,鲍戴暗白顶。刘三品,鲍六品,皆钦天监职也",③ 分别对他们的年龄、头发、肤色、穿戴、职位进行了简单的说明,将他们的外形特征形象地比喻为壁画中人。他还对西方传教士的学问大加赞赏,说道:"窃闻座下学究天源,发微阐幽,其穷高极深,盖旷百世而未知闻也",④ 直接表达了欲通过此次行程向对方虚心学习天文与妙理的动机。但其后,他们之间的相处并不像洪大容所期待的那样顺利。他虽多次主动请求与对方相见,但多数都被拒绝。对此,洪大容也说出了原因:"惟东俗骄傲,尚夸诈,待之多不以礼或受其馈而无以为报,又从行无识者,往

---

① 洪大容:《湛轩书》外集卷七《刘鲍问答》,第298页。
② 洪大容:《湛轩书》外集卷七《刘鲍问答》,第299页。
③ 洪大容:《湛轩书》外集卷七《刘鲍问答》,第300页。
④ 洪大容:《湛轩书》外集卷七《刘鲍问答》,第299页。

往吸烟唾涕于堂中,摩弄器物,以覆其皆西",① 主动承认了朝鲜人因为自己的傲慢无理与缺乏修养招致西方人的背弃。所以当洪大容每每被对方拒绝时,都以诚恳的态度预先征求对方方便与否,更以谦虚的言行感化与说服对方,最终才得以求见并交流。从中我们可以看到,他对西方人的描述没有因屡次被他们拒绝而一概否定他们,而是从根本上思考造成对方冷淡态度的不和谐因素,并对他们做出了客观、公正的评价。当然,从西方人问他所带的礼物是什么,当得知具体是什么礼物后又找借口拒绝接见以及毫无诚意、冷淡待客等细节,可以看到其实两位传教士也并非像洪大容先前描述的西方人那样高雅、文明、热情,他们也不过是贪图小恩小惠的"利益小人"。

洪大容借刘、鲍给他送来的"盖泰西海外绝国,书不同文。二人居中国久,虽略通汉字,书不足以达意,所以借人书如此"② 的回信,说明因为对方是外国人,所用的文字不同于中文,所以虽久居中国略晓汉字,但仍无法用书信方式来表达真情实意。他还特意举"年家眷弟"等用词不当之例,进一步证明了自己对西方人汉语水平的评价。

洪大容特意描写了一段参观南堂时看到的刘、鲍等传教士对清朝皇帝的祈福陈设,以"桌上有一册,覆以黄锦袱。刘披示之,乃为皇上祈福之辞。观其意,若有藉重,殊可笑"③ 之记录表达了对其不屑一顾的看法。但笔者认为他的认识源自缺乏对宗教传入中国状况的了解,所以略显片面。其实,综观国外宗教在中国的传播过程,不难发现明清两代原本一直排斥西方宗教,所以传道士在中国的传道与传播一直是与传授西方的先进科学文明同步而行的。而所有这些,如果没有清朝皇帝的支持以及政策上的宽松环境是无法实现的。因此,

---

① 洪大容:《湛轩书》外集卷七《刘鲍问答》,第299页。
② 洪大容:《湛轩书》外集卷七《刘鲍问答》,第299页。
③ 洪大容:《湛轩书》外集卷七《刘鲍问答》,第301页。

第四章 洪大容文学的形象内涵

刘、鲍等传教士对清朝皇帝的恭敬不能像洪大容所言简单地定性为虚伪或讲究表面形式,而应从历史与现实的客观角度对其进行深入研究,探究其中的根源所在。

洪大容不仅通过刘、鲍等活生生的人物塑造了现实生活中西方人的形象,还借教堂和天象台建筑墙上的壁画描述了其他西方人的形象。这些形象虽多为宗教人物,但考虑到西方多数人自觉信奉宗教,并将其作为生活的重要部分,可以通过画中人的外形和着装间接了解西方人。他对参观南堂时看到的壁画描写道:"画中人皆披发,衣大袖,眼光炯然。宫室器用,具中国所未见,意皆泰西之制也",① 介绍了披长发、穿宽袖衣,眼睛炯炯有神的西方人的外形特征,并提到了他们的居室器用不同于中国皆为西方所制。他又在另一篇文章中通过"北壁设一像,亦披发,颜如妇人,有忧色,初见已为不惬"② 的描写,刻画了面如女性、略带忧色、不给人以快感的西方苦难人形象。了解西方宗教的人皆明白耶稣是为人类自愿受难的,所以在教堂壁画中刻画的人物形象当然具有遭受苦难的人物特征。而洪大容的描写恰恰反映出其对西方社会及宗教的无知,更说明在严格排斥西教的朝鲜社会中,连洪大容等学问渊博的文人之辈都并不了解西方的宗教与西方人。

总之,洪大容介绍的现实中的人物和通过壁画展示的壁画中人,共同构筑了作者接触到的西方人的人物世界。但因为描写的对象和内容确实有限,很难对西方人进行整体、客观的介绍与评价,更不能说这些人就代表了西方人的典型特征,所以他作品中的西方人物形象具有局部性与片面性。但不管怎样,洪大容借燕行之机想尽办法拜见教堂中的传教士,通过与他们的交流获取对西方的认识,还主动要求参

---

① 洪大容:《湛轩书》外集卷七《刘鲍问答》,第300页。
② 洪大容:《湛轩书》外集卷七《刘鲍问答》,第300页。

观教堂，通过各类精美的器物努力从侧面了解西方文明的求知精神是值得肯定的。

（二）社会形象

洪大容描述的西方社会形象很难与宗教、教堂相分开论述，因为他没有去过西方，接触的是极少数的西方人，更没有看到系统介绍西方的书籍，所以他对西方的认识来源于在京期间与中国友人的交流与"宗教"这一媒介。鉴于此，本小节讲述的社会形象视角并不是直指当时的西方世界，而是侧重于反映西方的宗教和文明进入中国，以及它对中国社会造成的影响，更注重努力挖掘由此造成的现实变化和社会影响。

正如洪大容所言："有以算数传道，亦工于仪器，其测候如神，妙于历象，汉唐以来所未有也"，[①] 西方的宗教是伴随着他们先进的科学技术进入中国的。而"利玛窦死后，航海而东者常不绝，中国亦奇其人而资其术，好事者往往兼尚其学。康熙末，来者益众，主仍采其术，为数理精蕴书，以授钦天监，实为历象源奥。建四堂于城中，以处其人，号曰'天象台'。由是西学始盛，谈天者皆祖其术"[②] 的记载，更说明了中国人从利用他们的技术渐渐崇尚他们的学说，以至于到后来康熙末年来中国的西方人越来越多，康熙帝更是接受他们的技术编撰了《数理精蕴》，成为中国的律历计算及天文观测的蓝本。此外，康熙命在京建四堂供传教士居住，取名为"天象台"，为西方人在中国的生活和工作创造了相当优越的条件。以上，从皇上到普通百姓对西方学说的向往，自然造成了西学盛行的局面，使其中好奇于宇宙的人更继承和沉迷于它。洪大容所述的社会学术氛围一改过

[①] 洪大容：《湛轩书》外集卷七《刘鲍问答》，第298页。
[②] 洪大容：《湛轩书》外集卷七《刘鲍问答》，第298页。

第四章　洪大容文学的形象内涵

去封闭自守、闭门造车的状况,在中国国内各阶层人士中掀起了一股西学热,而由于该现实的变化更促进了中国学术论著的出版和学术自身的活跃发展。

可以说,西方的宗教在洪大容目睹的清朝社会传播得相当顺利,影响范围极广,影响的深度极远。单从他与"古杭三才"的交流内容,就足以证明当时西教的传播状况。洪大容向严诚和潘庭筠介绍了连他们都不知的位于燕京的教堂情况,即燕京共有东西南北四堂,皇上将它命名为"天象台",而此中居住着来京传教和传播西学的传教士等。接着他写道:"论天及历法,西法甚高,可谓发前未发。但其学则窃吾儒上帝之号,装之以佛家轮回之语,浅陋可笑。而来见中国人多有崇奉者,未知士大夫,无论南北,皆无信从者耶",① 肯定了西学在天文、历法上的先进性与创造性,同时也直言不讳地否定了西教,认为它剽窃儒教和佛教之言美化自己,实在是浅陋可笑。其中值得一提的是,他非常关注士大夫信教的问题,所以带着疑问询问对方士大夫是否信教,即在那么多的教徒中,包括南北各地岂有单单士大夫不信之理?洪大容还在给孙有义的信中再一次提到西教的毒害,同时强调西方数学和仪器的精密是中国所不曾有的。他写道:"泰西人之学,虽极力辟佛,而其言则出于佛教之下乘。近闻中国多崇其学,害甚异端。若其算术仪象之巧,实是中国之所未发,大方评议云何",② 进一步论述西方人虽极力排斥佛教,但实际上西教的诸多内容却源于佛教,尤其在近期中国信奉西学成风,其危害更甚于异端。

洪大容还借潘庭筠之口介绍了西方天主教,对天主教的来源、部分教义、礼拜形式等进行了说明,最终将其定义为是一个迷惑和麻痹人的异教。潘言道:"西教亦行于中国,此禽兽之教,士大夫皆以为

---

① 洪大容:《湛轩书》外集卷二《乾净衕笔谈》,第247页。
② 洪大容:《湛轩书》外集卷一《与孙蓉洲书》,第207页。

非……回回多人此教。明万历间,西洋利玛窦入中国,其教始行。有所谓十字架者,教中人必礼拜之,以为西主受此刑而死,可笑。西教中主意,盖多不经语,诳惑。且西主惨死,因立教而罹罪。人教者当涕泣悲痛,一念不忘,其惑甚矣",[1] 不仅犀利地批判天主教为禽兽之教,还说明如此贬低它的理由是因西教的立教之本不人性、可笑导致。潘还补充介绍说,天主教虽为纯粹迷惑人的禽兽之教,但回族人多入此教。此外,洪大容通过描写清朝皇族两浑称之为陈哥的商铺主人形象,间接描写了汉族教徒对西方宗教的虔诚,即"素信笃西学,每五更往拜天坛,虽风雨不敢废,已三十余年云……叩头念经,将以求福于后生。且西人之教令人不萌恶念,言与心相应,最为求福之要"。[2] 从中可见,普通百姓只是出于对祈福的美好、简单愿望,才不辞辛苦、风雨无阻地履行礼拜,虔诚信奉西教的。

正如洪大容与"古杭三才"在交流中所言,西教虽没有得到士大夫阶层的普遍认可,但因其借用百姓对美好生活的向往心理,以及康熙末年开始统治集团给予它的宣教和传教的宽松环境,使得西教异常盛行,麻痹和蛊惑了一大批社会之人。正因统治集团对西教的默许和纵容,以至教堂门卫都为西方人,他们腰间别着利剑以威武的姿势把守着大门,显示了肃穆与威严。洪大容本人虽然对同西教一同传入中国的西学的先进性和创造性给予肯定,却对西教始终持有否定态度。他对西教的否定与其崇尚人性和自然的思想体系不无关联。在他看来,西教的不人性、可笑的立教之本是荒诞无稽的,是蛊惑和麻痹人的伎俩,所以其教义更是不值得信奉的。

与对西教的态度截然不同,洪大容对西洋画表示出极大的关注。这或许与他个人的兴趣爱好不无关联。他在天象台细心观察各处墙

---

[1] 洪大容:《湛轩书》外集卷二《乾净衕笔谈》,第247页。
[2] 洪大容:《湛轩书》外集卷七《两浑》,第312页。

上的壁画,用生动、形象的描写将其记录下来,体现了对绘画的造诣。他在《刘鲍问答》一文中多次描绘了不同场地、不同形象的壁画,如"东有瓦墙,高可二丈。穿墙而为门,门半启。望其外楼阁,栏楯重重,意其有异观也。招世八问之,世八笑曰画也";①"见两壁画,楼阁人物皆设真彩。楼阁中虚,凹凸相参。人物浮动如生,尤工于远势,若川谷显晦,烟云明灭。至于远天空界,皆施正色,环顾,恍然不觉其非真也。盖闻洋画之妙,不惟巧思过人,有裁割比例之法,专出于算术也……堂北张单叠画屏,水墨山水,笔法极高雅"②;"环壁皆画前世遗迹相传故事,其帷帐器物,隔数步而望之,竟不信其为画也"③等,介绍了画中的景物、人物、器皿,更就处理画中色彩和场景的技巧给予了高度评价。的确如他所讲,西洋画巧思过人、有裁割比例之法,而这些都与他们先进的学术成就有关。他还以画因其逼真的物象、栩栩如生的人物、远近视觉上的美感给人以逼真、鲜活的印象,不似绘画,来高度评价壁画的创作技巧。

如上所述,洪大容对西教传入的契机,西教在中国被广泛接受的事实,人们对西教的部分认识,以及通过西教窥见的西洋画进行了逐个描写,用有限的笔墨清楚地记录了与西方宗教和西洋画相关的西方社会的片影。从整体上看,该描述虽不够全面和客观,但终因反映了西方宗教和西方人对中国社会的影响,改变了中国社会的部分人文意识形态,使上至皇帝下到百姓都重新认识了西方和西学,所以从另一侧面塑造了不同于传统思路的社会形象,为朝鲜的百姓透过中国认识西方打开了一扇窗户。

---

① 洪大容:《湛轩书》外集卷七《刘鲍问答》,第299页。
② 洪大容:《湛轩书》外集卷七《刘鲍问答》,第300页。
③ 洪大容:《湛轩书》外集卷七《刘鲍问答》,第300页。

（三）文明形象

前节已提到，西方的宗教是伴随着西方的学术与文明器物一同进入中国的。而"有以算数传道，亦工于仪器，其测候如神，妙于历象，汉唐以来所未有也"① 的描述，说明了比起宗教西学更早地被中国人认可和接受，进而带动了意识形态（天主教）在中国的传播与影响。的确，西方的天文和律历等学术较之中国发达，西方社会的文明程度也有别于中国，具有他们先进的一面。洪大容作品中刻画的西方文明形象可以从日常的小物品、各类先进仪器、天文数学理论、乐器等略显一二。他的作品中介绍的西方小物品有怀表、闹钟、烛台、蘸水笔，先进的仪器有望远镜、地球仪、指南针、风琴、火炮等。此外，作为钻研数理知识的实学派文人，他刻意提到了西方人提出的地动说与数学原理，不失时机地宣传了利用厚生的实学思想。

洪大容在多个场合见识了怀表和闹钟，但每次都不放过细心观察它们的机会。对表的外形、内存、动作一一研究，经认真思考掌握这些物品的运动原理。例如，他在与清朝皇族两浑的交流中见到怀表和闹钟，就讲道："日表所以考时，闹钟随闹而击钟，皆内藏机轮，细如毫丝……闹之之法有小柄，微按之而钟响矣，连闹之而不变其数……随时随刻各有其数，不闹则不鸣也。闻是出于西洋，时器之至巧者也"，② 清楚地介绍了表的动作原理与作用原理。他在参观天象台时特意关注自鸣钟，不仅对其结构和声响的震动进行说明，还特意描写"见其制，甚奇壮，非小钟之比。轮之大者可十数围有余，傍悬六小钟，皆具槌，所以报刻也"，③ 强调了它的规模之大与应用原理的巧妙。他毫无顾忌

---

① 洪大容：《湛轩书》外集卷七《刘鲍问答》，第298页。
② 洪大容：《湛轩书》外集卷七《两浑》，第312页。
③ 洪大容：《湛轩书》外集卷七《刘鲍问答》，第301页。

地正面肯定了西方的先进科学技术，说道："盖自鸣钟原出于西制，近已遍于天下。而其机轮之制随以增减，互有意义，终不如西产之巧"，① 更对小巧玲珑而又轻便的怀表大加赞扬，进一步认可了西方文明的产物。之后，他在琉璃厂张石存小店内又一次看到自鸣钟，仍不失时机地对它仔细观察，后记录如下："西洋制作，四围皆付玻璃，杂施水晶宝石及回罗，炫耀夺目……大钟以奏时，小钟以报刻……盖自鸣而兼问时，巧而尤巧。问其价为银二百两"，② 说明了它的制作材料和外形的美观华丽，并分别讲解了时针和秒针的作用，更称赞它自鸣而兼问时的妙用，补充说明了其较为昂贵的价格。虽然是小小的闹钟或怀表等小器物，但对它的反复观察与详细介绍绝对体现了洪大容作为一个实学家所怀有的探究精神与刻苦钻研态度。

洪大容在天象台请求刘松龄拿望远镜给他看看，待仔细观察后在燕记中写道："镜制青铜为筒，长不过三周尺许，两端各施玻璃……别有糊纸短筒，长寸许，一头施玻璃两层。持以窥天，黯淡如夜色，以施于镜筒。坐凳上，游移低仰以向日，渺一目而窥之，日光团团恰满筒口，如在淡云中。正视而目不瞬，苟有物毫厘可察，盖异器也"，③ 详细地记录了望远镜的结构、外形、使用原理及功能。他以惊人的记忆力与较深的理学功底细致描述了望远镜的大小、各种零配件、质地和功能，最后借使用效果来评价它是奇怪的仪器。他还以"桌上下，炉瓶、宝玩，不可尽述，盖多西洋铜磁之制"④ 和"其西洋磁器，内为铜器，外涂以磁，华而牢，磁之巧品也"⑤，分别对包括桌上的陈设在内的雍和宫正殿里各种摆设以及琉璃厂的西洋瓷器进行了介绍。其

---

① 洪大容：《湛轩书》外集卷七《刘鲍问答》，第 301 页。
② 洪大容：《湛轩书》外集卷七《张石存》，第 323 页。
③ 洪大容：《湛轩书》外集卷七《刘鲍问答》，第 303 页。
④ 洪大容：《湛轩书》外集卷九《雍和宫》，第 374 页。
⑤ 洪大容：《湛轩书》外集卷十《器用》，第 410 页。

中讲到雍和宫里的香炉、画瓶等珍贵装饰品数不胜数，大部分还是专门从西方带来的铜磁制品，且写有"乾隆十二年摆放"字样，并毫无保留地夸赞了在琉璃厂看到的西洋瓷器，说它华丽而牢固，堪称磁品中的精巧之品。通过以上可以了解到，西方物器已作为陈设深入到当时中国社会的各个角落，以考究的式样和华丽的质地成为财富的象征。而在乾隆年间和其后较长的一段时期，大量奢华品源源不断地涌入中国，以至在市井小镇上随处可见，随手可得。琳琅满目的西洋仪器证实了当时东西方贸易往来的活跃，带动了中国社会小商品经济的进一步活跃，也使原本对西学甚少了解的洪大容等朝鲜文人格外关注新鲜器物，萌生西学的念头。如今故宫所藏的珍贵名表中亦有不少为那一时期的舶来品。

　　洪大容还分别介绍了西方烛台和蘸水笔，讲道："有黄锡灯台，长数尺，可油可烛，并为螺钉，制样甚巧，西洋器也。"①"我辈另有笔，即出示之。乃斜削翎管，用其锐尖，内藏墨汁，随写随下，亦巧制也"，具体描述烛台的质地和外形的同时，指出制作精巧的烛台既可当油灯也可作烛灯来使用的巧妙。另外，对精巧实用的蘸水笔的制作材料和使用原理进行了简单的说明。洪大容在南堂（天象台）请求刘、鲍两位传教士拿出闹钟、指南针，分别一一进行细致的观察，并对西洋烟的模样以及吸法，还有与中国烟不同的吸法逐个进行了比较说明。

　　洪大容对在南堂看到的西洋乐器的观察也是格外细致的。他努力从中找出乐器的发声和使用原理，将其一一详细说明后与笙簧之声作一比较，又从整体上介绍了东西方乐器的差异，指出西洋乐器具有"借气机而不费人之呼吸"的特点。洪大容对音乐具有深厚的造诣，他能够将初次见到的西洋乐器经端详之后立刻说出与东方乐器的不同，我们不得不为其敏锐的观察与渊博的学问所折服。洪大容还亲自试声后认为，西洋乐器与自己擅长弹奏的玄琴音律略有相同，并依玄

---

① 洪大容：《湛轩书》外集卷八《京城记略》，第359页。

琴腔曲亲自弹奏一首。之后更是果断地认为，东西方乐器在声律方面皆有相通之处。

在洪大容塑造和描写的西方文明形象中，以西方的天文观、数学观分量最重，也最能代表西方先进文明的成果。洪大容借《医山问答》中的实翁形象，讲道："世之人安于故常，习而不察，理在目前不曾推索，终身戴丽味其情状。惟西洋一域，慧术精详，测量该悉，地球之说，更无余疑"，[①] 表明世人习惯于传统的思维，所以面对眼前的真理都不知寻找，更不知其内涵，而唯独西方人研究方法精密详细、测量技术高度发达，所以才证明了毫无疑义的地圆说。洪大容很自然地借西方的科技成果间接地提及自己所主张的地圆说，再一次用科学的依据证明了对宇宙的认识。不仅如此，他还举西方人的说法证明了地转说，即以"……洋人亦有以舟行岸行，推说甚辩，及其测候，专主天运，便于推步也"[②] 说明西方人也曾辩论舟行岸行，但在观测天气时却主张天在运行，这实际上是为便于观测天体所致。无论是地圆说，还是地转说，虽然先前有诸多的说法和辩论，但在西方精确的测算方法和有力的学术依据支持下，洪大容再次提到的这些学说显然具有充分的可信性，并变相地证明了西方科学技术的先进与发达。

正如洪大容描述的"盖自鸣钟原出于西制，近已遍于天下。而其机轮之制随以增减，互有意义，终不如西产之巧"，[③] 他认为西方的文明产物虽已遍及世界，但因为对它原理及制作的欠完善，产自其他地方的器物都不及西方的巧妙。毋庸置疑，他是通过中国了解了西方的文明产物，并通过产自中西等不同地域的产品的差异来确认西方科技的先进性的。而对他本人来讲，不仅通过燕京之行积累了对西方科学的认识，而且还在这些有力的科学依据下进一步建构和完善了自

---

① 洪大容：《湛轩书》内集卷四《医山问答》，第149页。
② 洪大容：《湛轩书》内集卷四《医山问答》，第149页。
③ 洪大容：《湛轩书》外集卷七《刘鲍问答》，第301页。

己的实学思想体系。朴齐家所做的《乾坤一草亭题咏》正好证明了洪大容自燕京归国后格外痴迷于自然科学研究的学术变化,其中"一遇余杭士,常观数理书。远游忘俗隘,尚友罕交疏"① 更是说明了他远离世俗的是是非非,与旧贤人为友专心于数理研究的事实。

虽然西方文明是伴随着先进的枪炮武器打开国门后进入中国的,但它的确给数千年来传统、封闭的中国人带来了各式新鲜事物,开阔了国人的视野,也使皇室贵族以及下层平民百姓对西方产生了前所未有的好奇。当然坑害百姓的鸦片等物资的大量流入,以及麻痹、蛊惑淳朴百姓的西教的传入,也是西方人给中国带来的戕害。但所有这些危害都掩盖不了西方先进科学技术催生出的各类新生事物的诱惑。洪大容在燕京亲眼看到的正是种类繁多的西洋器物已融入中国人的生活中,西教已渗透到百姓意识形态中的现实状况。而对一直关注并实际进行天文、水利等实用之学研究的洪大容来讲,西方文明的产物才是他倍感好奇的对象,更是能够激发他耐心观察和研究的对象。通过观察文明器物掌握的各种原理为他原本热衷的数理研究提供了丰富的借鉴,也促使他更加关注西学,丰富了实学的内涵。

综观整篇西方形象,虽不像中国形象那样内容丰富、翔实,但通过在京的传教士、壁画中的人物、随着西方的学术一同进入中国的宗教形象,还有西方先进文明在中国的体现、西方发达的数理学问,以及这些形象对中国社会造成的直接或间接的影响,我们仍可以勾画出一幅富有现实意义的"西方形象图"。而洪大容自身对实学的追求和探索,以及先前他所具有的天文数学知识,为他能够在中国认真、务实地了解和认知西方先进实用之学,并以此为契机更加潜心于钻研实用科学,真正实现为社会服务的经世致用、利用厚生的发展理念提供

---

① 洪大容:《湛轩书》外集卷十《乾坤一草亭题咏》,第438页。

了崭新的平台。所有这些从另一侧面证明了他所描述的西方形象正好迎合了他的社会理想与抱负，为其个人奋斗目标注入了新的活力，也为当时趋于转型的实学思想增添了厚重的内涵。

第三节　隐藏在文学作品中的形象内涵

作为影响朝鲜朝中后期思想文化界的一代宗师，洪大容刻意通过作品中的人物形象和社会形象反映当时中国社会的方方面面，也将在现实环境中难以直接表达的各种先进思想和理念寄托在这些形象中，间接体现了主观上业已形成的各类主张。他要突出表达的形象内涵大体包括两方面：一是通过作品中人物的思想感情将个人的观念和意识间接地呈现出来；二是通过刻画的社会万象，反映社会现实风气和场景，并借此提出改革时弊的现实主张。所以说，洪大容文学作品中的形象超出形象本身具有的表层含义，具有了多层面、多层次的复杂内涵，更多地承载了作家赋予的创作动机与社会价值。

形象的刻画与塑造只有当具备传递某种积极的信息或感染人的现实力量，使人从中获得感悟与启发思考，进而萌生欲改变某种状况的现实意义时，才真正具有社会人文价值，具备长久不衰的生命力。洪大容作品中刻画的实翁、虚子、保宁少年等人物形象作为反映他思想意识的代言人，不仅体现了作者丰厚的思想内涵，也彰显了作家的创作动机与社会责任，具有形象以外的多层含义。而他擅长描绘的社会形象，更是通过真实的画面展现出康乾盛世百年后的中国社会现实场景，直接反映了囊括社会正反两面的人文百态，使人们从中深受启发与借鉴，最终主动去寻求新的社会发展之路。

（一）象征意蕴

《辞海》定义"象征"为："借有形之事物以表示无形之主观者：

谓之象征。其内容与外形间之价值常有差异。"① 正是由于象征具有的以有形表现无形的功能，致使象征体的含义往往大于自身的含义。文学的象征性使得文学具有寓无形于有形，寓共性于个性，寓一般于特殊的意义张力。任何文学作品不过是暗示作家的思想感情，即通过形象和意境表现作家对于生活的审美感受、认识和评价的一种中介形式，所以文学就是一种象征，既包含借以建构的文字自身的字面意义，同时又大大超越该意义，具有了作家赋予的主观象征性。

洪大容作为具有先进社会意识的北学派代表人物，超越自己生活的时间和空间，揭示出了人类未来社会的志向和生活哲理。他的哲理小说《医山问答》中的实翁形象所蕴含的宇宙观和文化哲学意识，就具有超前的象征意义。而《保宁少年事》中的少年象征了作者欣赏的另一类"能人"形象。他不仅才识渊博、能力超强，且明义理、视富贵如浮云，所以"若是者真可谓潜居抱道以待时者也，惜乎"。② 作者通过该论述表达了选拔人才的重要性，指明现实生活中的确有隐居山间田野待逢时机的人，而这些人的存在是令人惋惜的。

《医山问答》中的实翁和虚子分别是讲究经世致用、利用厚生的实学和鼓吹礼颂、走入歧途的儒学的代言人。他们将作者针对时弊提出的改变社会虚伪学风的理论主张表达得淋漓尽致，巧妙地体现了作者较为先进的思想意识。实翁对虚子的贤者之说批评道："……虚于己则虚于人，虚于人则天下无不虚。道术之惑，必乱天下，尔其知之乎？"③ 这恰恰反映了当时社会空洞礼学之风的盛行，也给虚子赋予了空学道士的身份。而虚子也自评道："虚子局于澳塞，未闻大道。妄尊如井蛙窥天，肤识如夏虫谈冰"，④ 承认了作为儒学者只埋头于表

---

① 《辞海》，中华书局，1981，第2726页。
② 洪大容：《湛轩书》内集卷四《保宁少年事》，第142页。
③ 洪大容：《湛轩书》内集卷四《医山问答》，第145页。
④ 洪大容：《湛轩书》内集卷四《医山问答》，第145页。

面的无用之学,思维受限无法深究大学问,所以浅薄的知识犹如夏虫谈冰无知无为。洪大容还借实翁之口指出:"古人之泽民御世,未曾不资法于物。君臣之仪,盖取诸蜂;兵阵之法,盖取诸蚁;礼节之制,盖取诸拱鼠;网罟之设,盖取诸蜘蛛。故曰:圣人师万物……"① 在过去圣人施惠于民、制定政策皆参考物之活动,如君臣之仪、兵阵之法、礼节之制等无不师从万物。他借古喻今尖锐地揭露了儒学的本质,认为:儒学已摒弃最为宝贵的实用内涵,现已只注重表面与形式,并由过去的实用之学沦落为空洞之学。

《医山问答》中的理论展开过程其实是洪大容思想从洛论哲学向社会、政治思想扩大的发展过程。提出对已有学风的反思后,洪大容通过实翁之口否定了虚子的"人较之禽兽和草木更为珍贵"的说法,展开了"在天视之人物均等"的主张,且以"圣人师万物"将理论扩展到了研究物理的必要性的领域。② 接下来,他借实翁之口明确了天地之情的自然问题。他站在象数学研究角度否定了传统的天圆地方说,以地球球体说为依据指出地、日、月、星无上下,人身也无东西南北,还说中国和西方各自以对方为倒界,其实都为正界,且科学地论述了地转说。在对地转说的介绍之后,他还说明了雨、雪、雷、季节等的自然现象,将论述扩大到了人物之本、古今之变、华夷之分等经济学领域。即,中古以后气化消绝、形化盛行的状况导致了各为己身、民间互斗的结果,进而导致了弱肉强食的社会现象,由此揭示出"是以礼乐制度,圣人所以架漏牵补,权制一时。而情根未拔,利源

---

① 洪大容:《湛轩书》内集卷四《医山问答》,第146页。
② 洪大容:《湛轩书》内集卷四《医山问答》,第146页。
　　"……以人视物,人贵而物贱;以物视人,物贵而人贱。自天而视之,人与物均也。夫无慈,故无诈;无觉,故无为;然则物贵于人亦远矣……是以,古人之泽民御世,未曾不资法于物。君臣之仪,盖取诸蜂;兵阵之法,盖取诸蚁;礼节之制,盖取诸拱鼠;网罟之设,盖取诸蜘蛛。故曰:圣人师万物,今尔曷不以天视物,而犹以人视物也。"

未塞,势如防川,毕竟溃决,圣人已知之矣"。① 认为当时的礼乐制度未消除祸乱根源也是临时的,是以变化为前提的。而这与他先前对朝鲜礼学的批判一脉相承。他在"至治之余,表乱之渐,时势然矣"的观点下,概括了夏之后的中国史,认为中国的不振是中国文明的颓废和文弱所致,从而强调实用,认为清朝的建立为天时的必然,体现了明显不同于以往的对清意识。最终,洪大容以这一崭新的理论为基础,在《医山问答》的结尾部分提出了华夷问题,否定了过去的华夷之分,认为在天视之华夷无内外之分,强调指出:如孔子居九夷,可能就写就了以域外九夷历史为主的"域外春秋"。

综上所述,由实翁和虚子的对话展开的《医山问答》的理论阐述出自心性论,经象数学达到了经济之学的高度。这实际上是洪大容学问的扩大发展过程。在此过程中他对人类和自然万物,它们之间的相互关系和各种意识等已有的绝对化观念做出了相对考虑,并阶段性地进行了修改。总之,洪大容将由虚子之口表达的对朱子义理学风的批判作为思想出发点,把过去所有固定观念转换成了相对的观念,并且将它贯穿到了朱子学、人物之性、天地、礼乐制度、历史、华夷之分等领域。如果说当时的学问思想体系是朱子学的绝对化,研究以性命义理之学和礼学为中心的心性论和礼论内容,那么洪大容通过实翁之口提出的是有别于其他学问方向的象数学和经济之学,并在此基础上开辟了理解华夷论的新视野。因此,《医山问答》体现的核心内涵是洪大容的实学思想,集成了他所有的学问思想体系。值得一提的是,正如诸多前辈学者所言,洪大容的思想核心在于对实学的研磨,而不在对自然科学的主张上。②

在给陆飞的信中洪大容曾附上一首被称之为《医山问答》缩写

---

① 洪大容:《湛轩书》内集卷四《医山问答》,第161页。
② 〔韩〕金泰俊:《洪大荣评传》,韩国民音社,1987,第219页。

第四章　洪大容文学的形象内涵

版的长篇诗作，诗中涵盖了他潜心研究的自然科学之内容。在诗的前半部分涉及了人之本性、学问的实学方向，表现了对世俗儒家的忧虑，接着描写秋日弹琴的悠闲，而后写道："闓则谁营度，大块浮空界。积气如辐辏，万品成倒挂。上下无定势，远近殊见解。海外岂无地，平望空澎湃。西叟真慧识，盲声谩惊怪……法象人鲜知，陋见乃坐井"，[①]象征了认识世界的不同视角，进而得出对世界的不同看法。该内容进一步论证了人类与自然万物、它们之间的相互关系和各种意识之差，并对已有的绝对化观念进行了相对思考，把过去所有固定观念转换成相对观念，将它们贯穿到朱子学、人物之性、天地、礼乐制度、历史、华夷之分等领域，体现了一种相对内容充实的象征意蕴。

洪大容借《保宁少年事》一文充分展现了丰富的想象，其中假托主人公形象抒发的对世事的思考与认识，给作品赋予了超越现实的象征意蕴，使作品具有了有别于洪大容其他作品的独特风格。作品中，草笠蓝袍、形貌俊爽的保宁少年深居山间，却有一双能看穿人的慧眼，他能文能武、勤于练功，更是将朋友之事当作自己的事行侠仗义。他除了这些人类具有的特征之外，还具有能够在短时间内往返保宁和固城一千里路的超人本领。洪大容在文章的末尾总结道："少年其可谓异人也。富与贵，人之所欲也。以少年之才，独超然逃身于穷崖深谷之间，若非视之如浮云者，恶能尔哉！其夫子所谓人，不知而不愠者非耶"，[②]指出原本富贵是大多数人的愿望，但少年在拥有非凡才智的条件下仍隐身于穷崖深谷，视富贵如浮云，实在是难能可贵。诸如这些，都变相地证明了洪大容在文章最后所述的"岩穴之士，若此等比，岂其少哉！有文王，

---
① 洪大容：《湛轩书》内集卷三《寄陆筱饮飞》，第125页。
② 洪大容：《湛轩书》内集卷四《保宁少年事》，第142页。

然后有太公；有昭烈，然后有诸葛。无文王昭烈，而谓世无太公诸葛者，其亦妄人也夫"①的想法。他认为：如没有文王和昭烈，就不可能有姜太公和诸葛亮，而像少年那样的隐士其实在世上也为数不少。他还指出即便是隐居在世外的才子，只要能逢上好时候，同样可以一展才华，创造出一番惊人的业绩。

　　洪大容没有用他擅长的专写真人真事的写实风格叙述生活中的具体的人，而是像《医山问答》中的虚子与实翁那样，借虚构的保宁少年形象正面肯定了隐藏于草莽的隐士的才气，同时对其能力给予了高度评价，并直言不讳地断言只要他们有施展才华的机会，肯定会有一番作为。从他本人将人生中大部分时间用在隐居田园钻研天文和数理，又与诸多怀才不遇的贤人俊士长期为友共同切磋各方技艺可以得知，他塑造的保宁少年绝不是凭空捏造的，是表露他心中真实想法的具有象征意蕴的形象内涵，也是有别于其他作品，富于假想和浪漫的精彩所在。洪大容在文中体现的象征意蕴的背景不是某个特定时代，也不是特指哪一个人，他是就事论事，指任何一个时代都会有类似保宁少年一样的人物出现，而前提是他们必须遇到一位赏识他的伯乐，才可一展才华有所作为。

　　文学具有广义的象征性，并不在于作品是否运用了象征手法，而在于作品是否在整体形式上获得了一定的象征意义。许多作家都否定自己的作品中存在着修辞学或创作手法意义上的象征，但他们承认文学这种广义的象征性。洪大容就是以《大东风谣序》说明了《医山问答》和《寄陆筱饮飞》中借用的象征意蕴手法的长处与精妙所在，指出："且其取比起兴之意，伤时怀古之辞。或出于贤人君子之口，则其忠君爱上之意，又风风乎有尽而意有余"，②表示贤人君子如果

---

　　① 洪大容：《湛轩书》内集卷四《保宁少年事》，第 142 页。
　　② 洪大容：《湛轩书》内集卷三《大东风谣序》，第 114 页。

通过比兴吐露伤时怀古之辞,其中必会有忠君爱国之词所不能表达的内涵。当然,这些内容是就强调传统的风雅之创作所讲的,从另一侧面印证了通过象征等修辞手法可委婉地体现不便直说的敏感或尖锐的意义,使文章富有具体而深沉的内涵。

(二) 隐蔽世界

"隐蔽"的词典意义为借别的事物来遮掩或隐藏。而在文学作品中,经常会为了避免冲突或争端,或是由于时代及政治环境的限制,诸多作家将隐蔽作为创作中的一种修辞手法借来使用。所以,作家创造的隐蔽世界虽然也载有作家的思想感情、政治理想或个性主张,但经常是含蓄而委婉的,带有部分不确定性与模糊性。

洪大容作为主张实学的思想家和文学家,很多思想都源自对社会现实的深入剖析和尖锐批判。但在当时较为保守的封建时代环境中,直接而露骨地提出针对时弊的各色主张是万万不可的,所以他在作品中虚构的故事与情节多具有想象与联想的空间。而体现他的先进思想与实用精神的各种体裁的文章更是具有了深刻的内涵,营造出一种隐蔽世界的氛围,使人在阅读的同时思索作者的创作意图与拟要传递的信息。

在《保宁少年事》一文中,他高度评价能文能武、行侠仗义的保宁少年深居山涧习武研学,以"严穴之士,若此等比,岂其少哉!有文王,然后有太公;有昭烈,然后有诸葛。无文王昭烈,而谓世无太公诸葛者,其亦妄人也夫",表示如果他适逢机遇,定会有所作为。在故事中他并没有特指哪个朝代,也没有直指哪一个人,而是站在客观的角度说明再优秀的人才也要遇上伯乐才能得到施展才华的绝好机会。所以《保宁少年事》一文,实际上是以隐蔽而虚幻的世界揭示了世上较为普遍的道理,委婉地说明人才选用的重要性,并笼统地指出这些人、这些事在任何时代都可能出现或发生。

洪大容在《医山问答》中还通过实翁所言的地动说，借对人类历史的象征描述，提出了治理国家以及消除人类冲突，促进人类社会发展的先进主张。具体讲道："勇智多欲者生于其间。驱率同心，各占雄长，弱者服其劳，强者享其利。割裂疆界，睢盱兼并，治兵格斗，张拳肉薄，民始伤其生矣……巧者运技，挑发杀气，链金割木，凶器作矣……盖生民之祸，至此而极矣"，① 不仅说明了已被广泛认可的弱肉强食的人类历史发展规律，还体现了因为欲望的不断扩张，人类发明武器后反而带来了历史上的多重灾难，导致人类之间的相互残杀。洪大容通过实翁之口，隐蔽地揭露了从古至今发生的这一普遍现象。而其真实目的不外乎就是要体现个人的治国理念，指明人类发展的历史规律，并激发后人自觉觉醒，以认清历史，以史为鉴。

洪大容创造的隐蔽世界在两方面具有较明显的体现：其一是由其所处的时代环境造成的；其二是在燕行途中与身处异族统治下的汉族文人进行交流，出于对他们的保护在文章或信件中刻意营造的。例如，"古杭三才"作为清朝统治下的汉族文人，思想和言行都要不同程度地受到限制，所以洪大容借给朝鲜友人的信提出："每于逢场，以笔代舌。而谭草涂抹者，多或赞扬时制，嬉笑而示志。或语及古昔，相顾而吞声。至书牍诗画，皆去年号，以从吾辈不志"，② 间接地说明了他们尴尬的处境与无奈情绪。他还以对方看到自己所写的"大明天下无家客，太白山中有发僧"③ 后击节讽诵，露出惭愧而悲伤的表情，回应"余亦怀长往，入山采薇蕨"④ 的细节，体现了汉族文人在隐蔽和委婉的诗句中透露出的真情所思。

---

① 洪大容：《湛轩书》内集卷四《医山问答》，第160页。
② 洪大容：《湛轩书》内集卷三《又答直斋书》，第103页。
③ 洪大容：《湛轩书》内集卷三《又答直斋书》，第103页。
④ 洪大容：《湛轩书》内集卷三《又答直斋书》，第103页。

第四章　洪大容文学的形象内涵

　　洪大容与潘庭筠的"虽是不经之戏，余则窃有取焉"，"岂非复见汉官威仪耶"①一段对话，说明了作者喜欢观赏戏剧的原因，而它恰恰与其对明朝的眷恋有关，可以说两者在不经意间流露出了对明制的怀念，又再次见证了作者刻意创造的隐蔽世界。洪大容借潘之口："兰公有喜色曰：天子以天下为一家。况贵国乃礼教之邦，为诸国之长，自当如此，俗人之意何足道哉！天涯知己，爱慕无穷，宁以中外遂分彼此耶……"②进一步强调不分里外，从天视之地球为一家，朋友之交也无疆界可言。从交友的角度对主观上业已形成的华夷观进行陈述，是洪大容通过隐蔽世界反映个人哲学思想的一种叙述方式。而其中他借中国人的评价表达对自己国家的自豪，是不可忽视的隐蔽内涵。此外，洪大容凭借自创诗来表达了明朝被清朝颠覆的历史。他写道："秦帝长城万世图，当时设险备匈奴。一朝祸起夷宫里，毕竟亡秦有别胡。天险由人不在城，将军夜入八旗营。万里山河一掬泪，秦关明月海涛声"，③点明万里长城虽为阻拦匈奴、保持世代平安所建，但在明朝没有起到应有的作用，反而因人为因素导致了明朝的最终灭亡。所以，洪大容在诗中欲传递的亡国信息，通过万里长城这个隐蔽的中介体现得异常生动，正如作者在路途中遇见的白贡生所言，"情在诗外"，体现了隐蔽世界表达的真实意蕴。

　　洪大容作品中的形象具有真实、生动的特点，而这些形象多以人物和社会形象来划分，通过象征意蕴和隐蔽世界等修辞手法体现了作者拟要表达的思想认识与进步主张。即使三藩之乱之后清朝对朝鲜的宽容政策逐渐打消了朝鲜对清朝的敌意，并使朝鲜克服了对清朝的危机意识，但洪大容因其贵族士大夫身份与所处的时代环境，以及他在中国接触到的汉人的特殊地位，注定只能借用象征的修辞手法、隐蔽

---

①　洪大容：《湛轩书》外集卷二《乾净衕笔谈》，第218页。
②　洪大容：《湛轩书》外集卷二《乾净衕笔谈》，第216页。
③　洪大容：《湛轩书》外集卷八《白贡生》，第344页。

的文中世界委婉地体现真实的感情和现实的治国理念。洪大容塑造的形象虽不像其他文学作品那样饱满,也不具有众多戏剧化的场面,但因形象本身所承载的创作动机与作家期待,作者赋予形象的多重内涵,作者塑造的虚实相间的众多形象,当然具有相当深刻的现实意义,更彰显了深厚的文学价值。

第五章　洪大容文学与中国文学的双向反馈

　　文学的"外传"和"输出"常常伴随着某种复杂的社会、历史原因。如在唐朝，中国在政治和经济上都比较强大，因此对外文化交流也十分频繁、广泛。随着经济文化的交流，中国文学（主要是诗歌）开始流传到国外并对周边的日本、高丽和东南亚各国的文学产生了影响。[①] 但不管国家如何强大，文化间的交流必然是双向的。所以可以断言，在持续几百年的中朝文化交流中，两国的后人接连不断地受到了对方文化的影响与熏陶，使双方的文学中皆留下了对象国文化的烙印。

　　洪大容构筑的文学世界中没有凄婉、缠绵的爱情故事，也没有扣人心弦的紧张情节，更没有令人难忘的感人场面，他用简洁易懂的语言、朴素生动的画面记录了当时生活的现状，全景式地反映了中国社会的方方面面。诸如这些，给人的感觉就像是在倾听邻家大叔娓娓道来的生活故事，切实感受当时生活的点点滴滴。他将自己从幼时积累的对中国社会乃至中华文明的认识，通过入燕活动及与中国友人的交往，进一步明确地呈现出来。他通过与中国友人的笔谈、交往、书信往来不仅深刻认识到清朝当时的社会现实，真实地反映清朝统治下的

---

① 李平：《西方人眼中的东方文学艺术》，上海教育出版社，2004，第10页。

中国社会普遍状况，还作为主动传递中朝文化的"中间人"，通过对中国文学的批评与接受、对朝鲜文学的介绍与传播、对两国文化的深入探讨，为两国文学、文化，乃至思想意识形态的交流开辟了一条崭新的道路。而所有这些，为后人站在客观、公正的角度正确评价他在中朝文化交流史中的贡献与地位，提供了事实上的依据。正如金柄珉先生所言："洪大容的入燕文学活动不仅为北学派的入燕文学交流铺平了道路，而且积极地把清代文学介绍到朝鲜文坛，有力地推动了北学派文学的发展。继洪大容之后，北学派作家们接连不断地来到中国，同清代文坛上的作家展开了丰富多彩的文学交流，从而使北学派的文学创作迎来了新的转折点。诚然，这种转折是与洪大容的影响分不开的。"①

第一节　入燕活动及交流

朝鲜使节团在使清过程中对中国文化的认识以及中朝之间的文化交流主要通过三种渠道来实现：一是使臣的沿路所见所闻；二是偶遇或有意识地与清朝士人学子交往、交流；三是在市集大量购买中国书籍，而市集是三种途径不可或缺的交流环节之一。由于政治上的原因，官方的文化交流有限，促使希望了解中国深厚文化的朝鲜学者将目光投向街头巷尾，通过非公式化的民间交流寻求与中国人、中国文化的碰撞。

其实，当时朝鲜使节团总是抱着很强烈的主体意识与民族自豪感，力求站在批判的高度了解并审视清朝官员与文明。他们的对清意识没有失去平衡，是严肃、客观的。虽然也掺杂有对明朝的盲目崇拜或对清朝的主观偏见，但是在接受清朝新文明的过程中始终努力坚持

---

① 金柄珉：《朝鲜中世纪北学派文学研究》，第32页。

了独到的思维方式，未将批判否定的对象与肯定的评价对象混为一谈。他们有时将清朝汉族知识分子怀有的深层心理展示出来，有时又将朝鲜人自身具有的作为王朝国民的价值取向真实地再现出来充分地加以说明和探讨，扩大了相互理解，丰富了双方交流的内涵。所以说他们对清朝的审视，对清朝文明的接受是经过深思熟虑的，是值得信赖和赞赏的。

清朝文人与朝鲜知识分子之间的交流体现了多渠道、多层次的特点，18世纪以子弟军官身份作为使节团一员到访的北学派文人与清代文人留下的笔谈记录，客观展现了当时两国知识阶层之间的对话，成为后来"燕行录"中的重要内容之一。以洪大容为例，因为他不是以使节身份来京的，所以在中国的活动比起其他官吏少了几分束缚，多了几分自由。他几乎每天与严诚、潘庭筠见面，对经义、性理、诗文、书画、历史、风俗、科学进行了坦诚、深入的交流，留下了诸多难能可贵的笔谈记录。他自主地掌握着自己的行踪，将一睹中国盛世之繁荣的初衷寄托在密密麻麻的行程中。他逍遥自在地游历，在燕行途中边欣赏风景名胜，边观察和了解周边的风土民情，在燕京更是想方设法接触不同阶层的各色人物，增进理解、加深友谊。其中与"古杭三才"的邂逅和交流为他的燕行赋予了特殊的含义，并使其在思想上得到了较之以往更为深刻的启迪与升华。

（一）入燕动机

洪大容作为朝鲜朝后期北学派的代表人物，在燕行之前就已抒发了各种具有独到见解的社会改革主张。其对实学的追求和深邃的思想认识，使他对中华的仰慕之情演变为欲来华一睹盛世之繁荣的强烈愿望。所以，作为叔父的随从来京的机会对他来讲，既是实现多年夙愿的良机，也是他亲历和了解中华乃至世界文明的绝好机遇。他的燕行目的正如他本人所言，"容，东夷鄙人也。不才无学，为世弃物，僻处海隅，见闻蒙陋。只以所读者，中国之书；所仰而终身者，中国之圣人也。是以愿一致身中国，友中国之人而论中国之事。乃局于疆域，无路自通。幸因叔父奉使之行远离庭闱，不辞数千里之役者，实是宿愿之有在，而山川城郭耳目之快固其余事也"。①"余此行，专为游观"，② 明确而又迫切。他虽自谦为东夷鄙人，无学问和才识，见识短，但他始终仰慕中国古代之圣人，喜读中国的文献，所以欲来中国目睹中国之现实就成了他心中热切的向往。而这种渴望更加增强了他欲通过此行进行学习、结交友人、增长见识、开拓思路，并就自己一直以来研读的中国文献与中国友人进行诚恳交流的欲望，同时也坚定了欲验证长年积累的学问是否正确的意志。他在个人整理的收录着与"古杭三才"的笔谈记录的《乾净衕笔谈》中，多次提到该朴素而真诚的愿望，即"自渡江后，所见未曾无创观。而乃其所大愿则欲得一佳秀才会心人，与之剧谈"③ 和"鄙等初无官差，此来无他意，只愿见天下奇士，一讨襟抱"④。由此强调作为没有官衔的普通人，他燕行的真正目的实为结交有才识的文人，并与之进行推心置腹的交流。

李德懋曾在《天涯知己书·笔谈》⑤ 一文中写道："想其襟怀已是别人。余每逢入燕人问何好？必曰祖大寿牌楼甚壮丽。又问其次，必曰天主堂壁画，远见如真。余遂齿冷而止"，而这恰是当年来华的众多朝鲜人普遍持有的感受。洪大容作为具有深厚思想底蕴、敢为天下先的思想家，超越了一般人的对华视野和认识，给燕行赋予了极厚重的社会意义。他从借鉴清朝创造繁荣的先进经验出发，欲将古今中外先进的思想与文明为朝鲜所用，并为此费尽了心思。他对清朝社会的认

---

① 洪大容：《湛轩书》外集卷二《乾净衕笔谈》，第 220 页。
② 洪大容：《湛轩书》外集卷七《衙门诸官》，第 304 页。
③ 洪大容：《湛轩书》外集卷二《乾净衕笔谈》，第 212 页。
④ 洪大容：《湛轩书》外集卷二《乾净衕笔谈》，第 219 页。
⑤ 李德懋：《天涯知己书·笔谈》，韩国民族文化促进会、民文库，1967。

识可谓多角度、多层次。他不仅以外国人的视角审视了清朝的社会万象,还以文人特有的敏感视觉解剖和指出了潜藏在繁荣背后的社会矛盾,更将思想上升到从天视之人类皆平等的高度,大胆地提出了国家、民族间是平等的思想。因为有了这种广阔而深邃的视角,他对中国的描述才具有了形象而生动的特点,也使他萌生了不同于其他人的先进思想和抱负。

洪大容非常热衷于观察天文仪器、气象仪器、闹钟等社会文明产物,对剧院、宫殿等建筑颇感兴趣,乐于观赏和游览中国山水人文风光。但他更为珍惜的是与中国友人的每一次相聚、每一段对话、每一封书信。为在思想上与中国友人、学者、商人,甚至是平民百姓进行沟通和探讨,真可谓费尽心机。与他们博古论今是常事,诗经、小序、朱子更是他们热心谈论的话题,清朝官制与风俗是他急于了解的对象,宗教与西方文明也是他喜闻乐见的内容。在与中国友人的交往和交流中这些愿望一一得到了满足,更使他原有的好奇与诸多疑问升华为一种思想和认识。他在著作中描写的带有明确目的的各种画面,以及通过这些画面传递的思想意识最终都融为一体,突出地揭示了他的入燕动机,使他的燕行具有了丰富的思想内涵与社会意义。

(二) 与"古杭三才"等文人的邂逅

在18世纪朝鲜与清朝文人的交流中,洪大容与清朝文人的交流,尤其是与"古杭三才"的交流,堪称朝鲜朝后期中朝文人交流的典范。[1]

---

[1] 朴恩静:《朝清知识分子的相见与"知己"的表象——〈乾净衕笔谈〉》,《东方学》第18辑,2010,第7~32页。"의도하였건 의도하지 않았건 간에 중국 지식인과 조선 지식인과의 교류는 하나의 유행처럼 퍼져갔다. 그 중 대표적인 만남을 꼽으라면 홍대용과 엄성, 반정균의 만남을 들 수 있다." 另郑慧中在《明清中国与朝鲜史行的理性交流》(《东洋史学研究》第111辑,2010)一文中指出:"正如以往的研究最多提及的,其代表人物是洪大容。"

在中国，学界也公认洪大容是中韩文化交流的"友好使者"。① 洪大容是朝鲜朝时期文人与清朝文人进行广泛文化交流的第一人，也是回国后与清朝文人保持书信往来的第一人。他以自发的、能动的行为促成了双方的笔谈交流与书信往来。他始终重视与在乾净衕相见的"古杭三才"的笔谈交流、访问名所时萌生的感想、与西方人的笔谈、对清朝风俗的个人见解，将记录这些内容的片段与按日期写下的备忘录、日记等燕行经过进行了仔细整理，编撰成《乾净衕笔谈》。

其实，朝鲜朝时期一些来华的学者大多有意识地在中国的市集中寻找可以交往的人，希望在市集中发现下野之人或有意隐于朝廷外的学者士人。朝鲜学者或直入店铺与儒商交流，或与市集上遇到的文人相约笔谈，或就在书肆中与来买书的士人交谈。这种交流过程成就了中朝文人之间一段段的旷世神交，结成了不少海外知己。朝鲜的文人们希望能够更多地了解中国状况，了解中国的本质文化，希望能与中国的文人进行直接交流。

由于朝鲜在历史上深受中国文化的影响，文人们多用汉字进行写作。因此，通过笔谈的形式朝鲜使臣完全可以和中国文人进行深入的交流。学者主动到市集的店铺中与儒商们进行交往、笔谈，其中尤以北京的琉璃厂为最理想的交流场所。他们对坐饮酒、朗诵诗文、抵足而眠，又一起赏鉴古玩、写字作画，结下了深厚的友谊。洪大容在其所著的《燕记》中亦感慨："渡江以西，庶几遇遗士奇人，访问甚勤，而燕云数千里，南濒海，北界鞑子，风俗椎鲁少文，高者习弓马，下者竞刀锥，至直隶殆甚焉。其读六经，为时文，以秀才称类多自南来者，若抱道自蕴不求人知者，盖有之而无以见焉。"促膝笔谈、赋诗唱和、学经习文、游览胜景，以及物质馈赠是洪大容与中国友人交往的主要形式。以文会友、因文结缘是

---

① 权纯姬：《中韩文化交流的友好使者洪大容》，《亚洲民族造形学报》第3辑，2002。

文人之间交流中司空见惯、自然成形的情景。洪大容知识渊博,深谙中国古代各种典籍,汉学功底扎实,所以以汉字为媒介的笔谈促成了他与中国文人之间跨越语言障碍的坦诚交流,也成就了三代相传的深厚友谊。他们交流的内容具体涉及经义、性理、诗文、书画、历史、风俗、科学,领域之广、内容之丰富堪称两国文人之间的精彩对话。

其实,笔谈受参与者的想法、进行笔谈的空间环境、时间等各种要素的制约,所以专门由笔谈完成独立文本是需要独特的结构的。《乾净衕笔谈》作为日记体笔谈专辑具备了前言、结语,在对话的顺序与开篇形式上体现了前期作品中未曾出现的新的文学结构。随着洪大容与"古杭三才"见面次数的增多、对话时间的加长、部分话题专业性的加深,笔谈内容看似有些枯燥,但双方克服了笔谈受气氛与时间限制的制约,用在较短对话时间内只记一些非记不可的内容的方式,达到了充实文本的效果。

洪大容与严诚的"洪严之交"便是起自琉璃厂的市集。他们二人在琉璃厂结识后,在不断的交流中产生了深厚的友情。《燕记》中记载:"正使裨将李基成为买眼镜往琉璃厂,市中遇二人,仪状极端,丽如文人,皆戴眼镜。基成请曰:我欲买眼镜,市上无真品,愿买足下所戴。一人曰:何用言买?即解而与之。基成酬之以价而不受,拂衣而去。"[①] 李基成回到使馆后,便把他的经历告诉了洪大容。第二天,洪大容便与李基成一起去乾净衕拜访这两位在市集中遇到的文人,与他们越聊越投机,所涉及的内容从王阳明的学术问题、明末清初隐士的情况到婚俗、场戏等,并且开始互通书信。洪大容跟随朝鲜使节团离开中国后这段友情也没有结束,仍然通过后续的朝鲜使节团继续保持着书信的交流。后来严诚感染疟

---

① 洪大容:《湛轩书》外集卷二《乾净衕笔谈》,第212页。

疾，客死闽中，洪大容在朝鲜得知噩耗，不仅写悼词哀悼严诚，还托一位中国友人把该悼词送到严诚的家乡。当地的士人得知此事后无不为之感动，赋诗称赞"洪严之交"。乾隆四十八年（1783），洪大容病逝。洪大容的好友朴趾源又将此消息带给了严诚家乡的朋友们。洪、严等人赠答的诗札，被后人编成了《日下题襟集》，以纪念他们深厚的友谊。这段"洪严之交"称得上是中朝两国文化交流的佳话，也促成了其后相当长一段时间内两国文人之间的频繁交流。

洪大容借燕行之机与中国"古杭三才"的邂逅，得以接触到当时中国盛行的各种学问。尤其在学习阳明学之后提出的治愈朝鲜虚伪学风的实学方案，非常值得关注。因为当时的虚伪学风是以朱子学为主的，所以从社会变革角度来讲，方案的提出具有适时性与合理性。他在《乾净录后语》中写道："东儒之崇奉朱子，实非中国之所及。虽然惟知崇奉之为贵，而其于经义之可疑可议，望风雷同，一味掩护，思以箝一世之口焉，是以乡原之心望朱子也。余窃曾病之，及闻浙人之论，亦其过则过矣。唯一洗东人之陋习，则令人胸次洒然也"，[①] 道出了朝鲜对朱子学说的盲目推崇，直白地表达因与杭州文士的交流消解了对朱子学说的质疑，甚感痛快。这在视朱子学说为唯一斯文正统，其他辩说都被视为斯文乱贼、归为异端的朝鲜学术风潮中，绝对是破天荒的。从"余窃曾病之"中可以了解，虽然洪大容在燕行之前就对唯一的朱子学说持有疑义，但与"古杭三才"等清朝文人的邂逅的确促成了其思想的巨大变化，这是不容置疑的。它分明证明了18世纪中韩文人间的思想交流带来的结果，反映了一代文人之间跨越国界的文化、知识的沟通。

[①] 洪大容：《湛轩书》外集卷三《乾净录后语》，第290页。

第五章 洪大容文学与中国文学的双向反馈

洪大容一直保持着与中国友人的联系,通过与"古杭三才"以及他们周围文人的书信往来,深化并丰富了实学的思想内涵,立足于主气论的立场明确了改革现实的需求,坚定了对人类的诚信。正如"容,东夷鄙人也。不才无学,为世弃物,僻处海隅,见闻蒙陋。只以所读者,中国之书;所仰而终身者,中国之圣人也。是以愿一致身中国,友中国之人而论中国之事"所言,洪大容本人在中国遇到了一生的挚友"古杭三才",完全实现了起初对燕行的期待与愿望。在与"古杭三才"相处的近一个月的日子里,与严诚、潘庭筠共会面七次,与陆飞会面两次,而每次的相聚都长达一天还未觉过瘾,分别时总要依依不舍。他们的谈话虽以笔谈为主,但次次都不觉辛苦要持续一整天,而每天的对话竟达一万句之多。因为谈话的草稿多数由潘庭筠带去保管,所以在《乾净衕笔谈》中整理的内容只限于洪大容手中仅存的部分手稿与作者通过模糊记忆补充的对话内容,其中创作稿的比例大致有十之一二。

正如洪大容在燕行动机中提到的欲结交中国之友人的想法,他是一位愿意结交天下之朋友,将与朋友的交往视为人生一大乐趣的好客文人。作为朝鲜朝中后期具有影响力的思想家,他的周围或门下从来不缺志同道合的朋友,在著作中他更是明确表达了独立、分明的交友观。他在"惟去色态因天真重门洞开,端倪轩割(豁),如水镜之蓝之无不照,如钟鼓之扣之无不响者,乃吾所谓士也。夫然后,才也学也术也,始可得而言矣。是以容平生所自勉者,在是焉。其所以求友者,亦在是焉。夫如是者,虽得之古人于简编之中,亦足以尚友而相感。况得之今人于一席之上,而又言下忘形,许以知己者哉"[1]中,借何为真正的"丈夫"之论表明了应该懂得先做人,后再补充学问、才识、技能的做人原则。他坦言,如在过去的文献

---

[1] 洪大容:《湛轩书》外集卷一《与陆筱饮飞书》,第165页。

里见到这种人都会自觉地与其为友,何况在今日见到并已成密友该是多么值得庆幸的事情。他还以"朋友交际,必诚必信。见其善则中心喜之,从而扬之。见其恶则中心忧之,从而规之。必就其胜己者而处焉,诱之使言,闻过必改,讨论问辩,必先其人伦日用之务,身心动静之间。若天地之外,性命之蕴,切勿妄想臆度,惊于虚远……疾病死丧,吊问称其情。贫穷祸患,周恤尽其力,相劝以善摄以威仪"① 表白道:与人为友应必先做到诚实,且懂得与其同甘苦共患难,不应忌讳相互的忠告与劝诫,而要做到求真务实、健康向上。洪大容清楚地说明了朋友之间应该尽到的责任与义务,并再一次强调朋友之间的道义。在朝鲜封建社会中,文人之间的交往虽很难脱离家族、婚姻、社会关系等传统的社会链的桎梏,但洪大容因其先进的思想意识与渊博的知识拥有了一大批追随者,即便这样他也没有失去本然的交友立场,明确地根据自己特立的交友观来结交挚友。而他在文中所述的以上内容正好涵盖了其成熟的交友观和友谊观,使他后来在与"古杭三才"的坦诚交流中受益匪浅、终生难忘。

我们从他对"古杭三才"的评价②中可以具体地认识到,他在生活中是如何诠释上述观点,并真正用心结交中国友人的。他在著作中多处提到挚友严诚,并对其做出较多的评价。例如,"严姓者自称子陵之后而且言平生不专意于举业,又闻有达官欲荐其才于朝,严作诗而拒之。其辞甚峻,则始不觉倾倒而心相许矣","今子才盖一世,而谦谦自卑。心雄万夫,而温温自虚。性情高远,志操高洁,从俗应举,非真所乐;又能爱人好问,诚贯金石,临分酬酢,信义皦如",③

---

① 洪大容:《湛轩书》内集卷三《自警说》,第120页。
② 洪大容:《湛轩书》内集卷三《又答直斋书》,第104页。
③ 洪大容:《湛轩书》外集卷一《与铁桥书》,第169页。

第五章　洪大容文学与中国文学的双向反馈

"奇俊之姿,秀洁之格,坦直之味,峻嶒之气,开卷恍惚,如承惊咳",①"才识超诣,信笔成文,辞理畅快,粲然如贯珠,其志亦未曾以此自多也"② 等。洪大容以在达官举荐严诚入朝之时对方以诗婉拒为例,赞扬了严诚不为世俗所迷惑的耿直、刚正的性格。同时,肯定严诚的文学才能和人品,评价他是谦虚、温厚、性情高远、博学好问、志操高洁之人,虽欲试举却志不在其中,更强调了对方值得信赖的品性。当他听到严诚因病客死他乡时,悲痛欲绝地道出:"以铁桥之才之志,上可以统承先贤,下可以汛扫文苑;达可以黼黻皇猷,穷可以启牖后进。今不幸短命,无所成而死",③ 对他的才能和志向给予了高度评价,并为失去一代才子感到深深的痛惜。他通过给严诚之子的一封信,将严诚的离去视为儒学的损失和朋友的不幸,并以"先生有绝伦之才,超俗之识,独行不惧之节,忧天下虑万世之志。不幸中途蘦逝,赍志泉涂,斯文之将丧,士友之无福"④ 之高度评价体现了心中无限的伤感情怀。

除了莫逆之交严诚之外,洪大容在多处对只见过两次的陆飞进行了评价。即,"其器量风味,又其最秀者也","窃见吾兄才识俊迈,胸怀洒落,高举远虑,不欲规规于绳尺之拘谨。弟之所爱慕而诚服之者,亦在是焉",⑤ "诗文书画,俱极其高妙,惟任真陶泄而已。不事雕饰以求媚于世,亦未曾以此加诸人",⑥ 认为陆飞是一位具备才识和远见、胸怀宽广的人,尤其是善于作诗,且不愿受制于各种世俗的规制,直言不讳地说明了自己欣赏他的原因也就在

---

① 洪大容:《湛轩书》外集卷一《与严九峰书》,第198页。
② 洪大容:《湛轩书》外集卷三《乾净录后语》,第289页。
③ 洪大容:《湛轩书》外集卷一《与九峰书》,第189页。
④ 洪大容:《湛轩书》外集卷一《与严昂书》,第191页。
⑤ 洪大容:《湛轩书》外集卷一《与陆筱饮飞书》,第167页。
⑥ 洪大容:《湛轩书》外集卷三《乾净录后语》,第289页。

于此。他还对严诚和陆飞评价道,"此二人者,尽一时之奇士。虽以父兄之督迫,朋友之牵率,不免于从俗赴举,而其所安所乐固非寻常举子之类。其所为学,虽渐染王陆,泛滥禅佛,未若吾东之醇正。而其悉心推究,闻义即服,要非记诵口耳之学,则亦未易得也",认为他们的应举是迫于家人督迫所致,而对他们能够在学问上聆听对方意见谦虚学习给予了赞许的态度。与以上对严诚、陆飞多加夸奖不同,他对潘庭筠却给予了肯定和否定两方面的评价,即"爱之者,爱其才气之极于芙达也。惜之者,惜其德器之近于颖露也"。[①]认为他虽具才气,但也有过于愿意表露品德和气量之弱点。进而毫不客气地指出,除自己之外,别人的观点亦雷同,直言不讳地提醒对方应该对此予以重视。对于潘庭筠,他还补充说:"盖相劝以善,摄以威仪,朋友之道也,非此则淫朋也。昵友也……忠爱补益,惟凭尺书……"[②]再一次强调朋友之真正含义,希望对方能够理解自己的良苦用心。作为相许一生的挚友,洪大容对潘庭筠的忠告可谓真诚、贴切,不愧为后人评价他们是"不可多得的挚友"。

通过以上论述可以看到,洪大容对朋友的评价兼具了肯定与忠告,体现了他对朋友的客观、真实的态度,证明了先前所述的友谊观和交友观在他与人的实际交往中是如何体现的。正因具备正确的交友观和将观念付诸实践的态度,洪大容在给潘庭筠的信中描述的"今万里相思,事未前闻,生人死别,苦恨在中。此气至爱深情,愈久愈勤,十倍于同国之交,邻比之游也。是以风清月朗之夜,霜飞草衰之辰,山水花鸟之游赏,筵席琴酒之湛乐,篝灯而究经史,招朋而论诗文,凡人生日用之可喜可乐,触事生

---

① 洪大容:《湛轩书》外集卷一《与秋廎书》,第173页。
② 洪大容:《湛轩书》外集卷一《与秋廎书》,第173页。

第五章 洪大容文学与中国文学的双向反馈

感,随境兴怀,何往而非相思也?"① 才显得更为真切,他对朋友的思念之情更具感染力,也使他与严诚"诚之在闽,病笃。犹出德保所赠乡墨嗅香,置胸间而逝,遂以墨殉于柩中"② 的友谊刻骨铭心,使他对严诚之死表露出的"自余临纸血泣,神识荒迷,不知所云"③ 之痛,具有撕心裂肺的撼人力量。而洪大容在给严诚的信中表述的"弟兄二字,虽为交际之泛称,至若愚兄贤弟,以异性而结天伦,宜不可以一时客气,遽而相证。若一订之后,便成骨肉,终身恩爱,勿忘勿改,友朋信义,固不当如是耶",④ 刚好真实地概括了他与"古杭三才"的友谊所承载的分量,更证明了他一直以来遵循的友谊观。洪大容在《与铁桥秋廯》中甚至讲道:"佛家轮回,果有此理,愿来世同生一国,为弟为兄,为师为友,以卒此未了之缘耳。且有一说,吾生既无再会之望,则当各戒其子,世讲此义,俾不敢忘,或冀其重续前缘。"⑤ 这真切地表达了相遇知己的感动和惜别之情,并流露出要与"古杭三才"结下世代之友好的美好愿望。

洪大容与"古杭三才"在仅有的几次会面中天南地北、海阔天空地无所不谈,内容涉及思想、政治、文化、天文、地理、文学等诸领域。朴趾源的《会友录序》中记载着洪大容与"古杭三才"相见并结为义兄弟的过程,以及进行笔谈的内容,具体还写到双方就"天命与人性之根源""朱子与陆象山学术之区分""进退消长之极微""出处·荣辱之分数"进行了讨论。有关天命与人性之根源的讨论,自然地引出对朱子学说与陆王学说的比较。洪大容虽然拥护朱子

---

① 洪大容:《湛轩书》外集卷一《与秋串书》,第176页。
② 洪大容:《湛轩书》外集卷十《洪德保墓志铭》,第428页。
③ 洪大容:《湛轩书》外集卷一《与严九峰书》,第190页。
④ 洪大容:《湛轩书》外集卷一《与严九峰书》,第199页。
⑤ 朱文藻:《日下题襟合集》,转引自祈庆富《"日下题襟合集"概说》一文。

学说批判陆王学说,但在与"古杭三才"的深入笔谈及书信往来中,逐渐奠定了客观地评价朱子学说的思想基础。他们在各抒己见的同时,通过积极、务实的探索和讨论弥补了先前肤浅、无序的思想认识,丰富了知识结构,进一步扩大了思想内涵。但正如他们在交流时不是就某个特定议题集中进行探讨,他们的交流是随意、不拘一格的,想到什么就说什么,想了解什么就问什么,缺乏系统性与特殊目的性。当然,这可能与他们相对自由的身份(非官吏)、会面的自由形式、个人化、非规律性,以及相互之间仍存在的拘束有关。所以在他们的交流中涉及文学的部分并不多,也未成体系,仅在言谈中不经意地提到或相互赋诗时说到一些而已。但值得一提的是,在当时较为封闭的社会环境中,洪大容作为外国人能够与"古杭三才"会面和交流,最终结为世纪之交,实在是与东方学问中诸多根本一致的内涵有关。因为有了这些共同的话题,才使他们互相吸引,频繁相见,交流更具深度,内容更加充实,所涉及的谈话主题更加具有深厚的历史人文价值。

洪大容将与"古杭三才"笔谈的对话、访问名胜古迹时的感想、与西方人的笔谈、对清朝风俗的个人见解等,分别通过短篇记录和按日期整理的备忘录、日记等形式,对燕行当时的每一个细节都做了翔实的记录。其中,笔谈记录虽以日记体形式构成,但一改过去传记、使行文学的平面介绍式陈述,中间穿插了具体的事件,并将事件组合成一个独立的故事文本。通过在后面重新叙述前面已谈论过的话题,或迂回地提及某一话题诱引清代文人说出真实想法的方式,将作者要传递的信息原原本本地呈献给读者,并将笔谈主体的人物思想倾向与人格风貌体现得淋漓尽致。他与"古杭三才"的邂逅、交流、交往等内容都被收录在《会友录》中,而此书显得更加弥足珍贵之处则在于它验证了为世人所称颂的超越国界、超越民族的真挚友谊。所以当《会友录》被众人传看时,就得到了众人的感叹与称赞，使读者沉浸在他们的友谊中，享受心灵的慰藉和感动。北学派的另一著名文人李德懋就曾说道："余非英雄，非美人。但一读会友录，则阁泪汪汪。若真逢此人，只相对呜咽，不暇为笔谈也。读此而不掩卷伤心者，匪人情也。不可与友也"，[1] 点明了此书具有的感染力，并对该书做出了"今搓会友录秘本，并载不妄评语为此篇。庄语谐言层见叠出，真奇书也。异事也，亦有不妄评语，而恨不抄载"[2] 之高度评价。他甚至被书中的真情打动，认为与读后不受感动之人不可为友，更评价它是一部奇书，恨不能将它抄载。他还就洪大容与"古杭三才"离别时的"湛轩弹玄琴，为平调。兰公又饮泣呜咽，湛轩亦怀思不平，一曲而止"之场景，发表评论道："凡文章与弦歌，令人泣甚难。湛轩一生学琴，使钱塘潘兰公一泣，足为韵人雅士"，[3] 再一次强调他们之间的旷世友谊，彰显了他们的邂逅带给后人的无尽感动。

（三）与中国友人的书信往来

尺牍是洪大容与清朝文人交流的重要手段，同时也是连接双方的关键媒介。如果说笔谈受谈话气氛、交流时间的限制，无法真正体现交流者之间的真挚感情的话，尺牍作为非常私人化的交流形式，真实地再现了执笔人的行为与感情，完全不受时间和环境约束地将感情表露出来。《乾净衕笔谈》前部分的书信内容大部分就是问候与离别之绪，仅此一项创作手法就弥补了笔谈未能传递的个人化的感情，填补了交流者之间的些许遗憾。

洪大容在燕京结识了前来应举的"古杭三才"，并建立了真挚友谊。回国途中又在三河县遇到孙有义、邓师闵、赵宗煜等三文士，一

---

[1] 李德懋：《青庄馆全书》卷六十三《天涯知己书》，第9页。
[2] 李德懋：《青庄馆全书》卷六十三《天涯知己书》，第15页。
[3] 李德懋：《青庄馆全书》卷六十三《天涯知己书》，第9页。

生通过书信与他们谱写了超越国界与民族的旷世之友谊。他通过这些人还与从未谋面的严诚之兄严果、潘庭筠的亲戚徐尧鑑进行交流，扩大了与中国文人的交友范围。清朝文士朱文藻编撰的《日下题襟集》中收录着洪大容与"古杭三才"交换的诗文与18篇尺牍，《杭传尺牍》中收录着洪大容回国之后写给清朝文人的33篇尺牍，而近年发现的《燕杭诗牍》①与《严果尺牍》②中集中收录着清朝文士写给洪大容的尺牍。仅从现今收藏在韩国首尔大学奎章阁中的《燕杭诗牍》中就可以看到，洪大容家族四代人在与清朝文人的文化交流中起到了重要作用。而这些珍贵资料为我们具体了解双方的文化、思想交流提供了可能，也使后人从中深切感受到前人为中韩文化交流做出的重要贡献。

严果为严诚之兄，经潘庭筠介绍，洪大容深谙其知识渊博、品德高尚，认为他足够成为江左之师，遂仰慕已久。他在《与严九峰果书》中写道："容，力闇友也。容既忝与力闇为友，又因潘兰公，得闻我九峰先生。有文有行，屹然为江左师表，容之望风仰德之日久矣。况滥被力闇错爱，证交客邸，约为兄弟。夫既僭以力闇为弟，独不可以力闇之兄为兄乎，力闇既不以外夷为陋，而不惮兄事我也。宁九峰乃以外夷为陋，而不以弟畜我耶"，③认为严诚都没有将他视为外夷，而与其结为兄弟，自己又怎能不把严果当作兄长？他亦相信严果也不会将他视为外夷低看他，而相反会同样视他为兄弟。在他看来，只要舍去偏见、坦诚相见，与中国友人的交往绝对是顺理成章的。

---

① 该书现有三种异本，一本收藏在美国哈佛大学燕京图书馆，还有两本收藏在韩国首尔大学奎章阁。该书收录了"古杭三才"等清朝20位文人写给朝鲜朝的洪大容、金在行、洪忆等9位文人的诗作与尺牍。
② 该书是韩国国史编纂委员会将珍藏的清朝文士的尺牍原件收集整理的书剪贴，其中有严果的2篇、朱文藻的1篇、严昂的1篇尺牍，都是写给洪大容的。
③ 洪大容：《湛轩书》外集卷一《与严九峰果书》，第172页。

第五章　洪大容文学与中国文学的双向反馈

严昂是严诚之子。洪大容听闻严诚病逝的噩耗，给严昂寄去了一封充满深情的吊唁信。他在《与严昂书》中指出："曾承教先丈，称贤契资质，尚非庸钝……人有百行，惟孝为本。孝有百端，述事为大。惟勿以童幼自解，勿以年富自宽。绝嬉戏，劬经籍，深慕永怀……惟乞努力"，回忆严诚对儿子资质的评价，述说早已知其子不庸劣、钝浊。并告知严昂孝顺为根本，而孝道之重为继承祖先的事业，勿因年轻放纵自己，也不要因未来遥远而放慢脚步，劝诫对方多读书、深入思考，多念父亲，应努力不懈。信中内容真实地反映了洪大容对义兄之子严昂的深切关心与劝慰，表达了作为长辈的谆谆教诲，感人至深。

朴趾源的《会友录序》中有一段"洪君德保，曾一朝踔一骑，从使者而至中国，彷徨乎街市之间，屏营于侧陋之中，乃得杭州之游士三人焉。于是间步旅邸，欢然如旧，极论天人性命之源。朱陆道术之辨，进退消长之机，出处荣辱之分，考据证定，靡不契合……"[①]的内容，介绍洪大容与"古杭三才"针对天命与人性的根源、朱子和陆象山学术的区分、进退与消长的迹象、出仕与荣辱的分寸等进行的深入探讨。认为他们讨论的内容未有超出考证之外的依据，互相表达了真诚的忠告与肺腑之言。双方相见时洪大容曾介绍自己的恩师渼湖先生，阐明了恩师为他取的号——"湛轩"与自认的八景，拜托对方撰写记文与八景诗。次日，洪大容又在信中介绍了"湛轩"的趣旨和八景。对此，严诚和潘庭筠分别回应了诗作《八景诗》与记文《湛轩记》。从中我们可以窥见作者的想法，即性命之学是关乎人类本性的内容，所以应具备无杂念的君子之心。

洪大容与"古杭三才"的交流没有只局限在见面之时，在他回

---

① 洪大容：《湛轩书》外集卷一《会友录序》，第163页。

国之后双方还持续了进一步的思想文化交流。其中因严诚病逝,严诚老家挚友朱文藻写信告知洪大容噩耗,而洪大容在写给朱文藻的回信中就谈论了天命与人性的问题。他以"友朋之交,一则在志,一则在道。共志同,其道合,尚或友古人于千载。况生并此世,万里一心,遥相印订,是道义之交也,是性命之交也。亦何必区区于形面之隔而疆域之拘哉",① 指出:各自的志趣相同,各行的道路相合,必将会成就道义之交,而道义之交源自于人类的本性,遂可称之为性命之交。

洪大容还借与中国友人的书信往来探讨了个人的出仕与荣辱问题。湛轩在给严诚、潘庭筠的信中写道:"弟之师门是清阴玄孙而年六十五,以遗逸见任国子祭酒,而累征不起,闲居教授,学者宗之为渼湖先生",② 简单介绍恩师的身份,并附言说明渼湖先生是一位不顾皇上召唤,闲居草野,以教授后进为乐趣的人。从中反映了作者比起出仕,将身居草野视为摆脱耻辱、享受荣华的生活态度。而潘庭筠的反应也与湛轩的想法基本一致。潘庭筠在回信中写道:"庭筠再拜湛轩学长兄先生足下……深叹海东诚君子之国,而数公尤当代绝世奇人也。顷读手教,益见足下高雅拔俗,立身不苟,志愿甚大,如中国之陶靖节、林和靖,千古不过数人。高风逸致,起敬弥甚,又示以令师大人先生之梗概,足见渊源有自。孔颜之乐,仿佛可思,尤令人翘首云际,极不能忘耳",③ 表示从信中得知恩师的梗概,才更加明白湛轩的古雅、脱俗、不求立身、志向远大原是有其根源的。他赞扬对方似中国的陶靖节、林和靖,又高度评价渼湖先生实践的是孔子与颜渊的安贫乐道,遂更加仰慕先生。洪大容与潘庭筠都未将仕途中的飞黄腾达视为荣华,相反将闲居或安贫乐道视为荣华,显示了不与世俗

---

① 洪大容:《湛轩书》外集卷一《答朱朗斋文藻书》,第201页。
② 洪大容:《湛轩书》外集卷二《乾净衕笔谈》,第220页。
③ 洪大容:《湛轩书》外集卷二《乾净衕笔谈》,第222页。

第五章　洪大容文学与中国文学的双向反馈

同流合污,向更高的社会理想奋发的高风逸致。

某日,洪大容在与严诚、潘庭筠的笔谈中突然意识到自己占用了对方太多的时间,遂表歉意,而对方答曰:"不然,吾辈到此本不用心于此。余曰:然则不要登试乎?力闇曰:要自要的,但听天命。且曰:鄙等不是专意于名利者。"① 由此可见,严诚、潘庭筠两人虽然是为应举到京,但不是专门为求功名而来,其根据源自于他们并不认为只有出仕才是享受荣华。对此,洪大容亦用书信做出了如下回应:"且科场得失,虽有定命,不专心致志则未能也。今会围不远,政宜会神潜养,待时而动也。忽此意外扰攘,应酬烦于外,意绪乱于中,不亦可闷乎?顾科宦之荣,不足为兄辈之能事,弟之期望于兄辈者,亦不在此地。虽然亲庭之望,门户之计,数千里跋涉,准的在此。亦不可谓小事也。幸赐裁择焉!"② 这是与严诚相见两次后洪大容写给严诚的回信。在此,他就打扰对方不能专心准备科举表示了歉意,并直白地道出:对严诚之辈来讲,通过科举走入仕途并不是人生的终极目标,他对他们的期望也并不在此。

对于出仕的问题,湛轩在写给陆飞的另一封信中明确地进行了说明。"使我登科甲践荣道,果如术者之言。其头出头没于名场宦海之间,是亦可哀也已。曷足为大快乐事耶!乃知昨日之事,快哉乐哉!所谓奇祸,此可以禳之矣。所谓科甲所谓荣道,从此而可以鱼,相忘于江湖矣",③ 其中所讲的"术者之言"是指十年前湛轩遇到的一名术客。术客预言湛轩会在丙戌年运气大通,科举拔得状元大享荣华。而当时湛轩说,自己不迷恋仕途,且认为自身的能力和性格与之不符。对此术客答曰:如不接受命运的安排,就会遭受奇祸或会有大喜之事。其后丙戌年湛轩科举未及第,反而踏上了燕京之行,可谓是遇

---

① 洪大容:《湛轩书》外集卷二《乾净衕笔谈》,第216页。
② 洪大容:《湛轩书》外集卷二《乾净衕笔谈》,第223页。
③ 洪大容:《湛轩书》外集卷二《乾净衕笔谈续》,第268页。

到了大喜之事。但当他越过鸭绿江亲眼看到险恶的山川与恶劣的环境、庸劣的人物之后就又认为：也许这就是术客所说的奇祸吧。而到了燕京偶遇陆飞与严诚，与他们肝胆相照、互诉真情、喜结友好后，他又重新认为这就是术客所讲的喜悦。所以，他觉得科宦及荣道都已无所谓。

那么，洪大容认为可以替代科宦与荣道的价值对象究竟是什么呢？他在回国后写给严诚的第三封信中表明了自己的一些想法。"会围见屈，总关命数。虽荣亲奉檄之计，或不免一时之缺望。而在贤弟雅量达观，应不足以戚戚于心也……而令誉之基矣。公车之失利，其天之困苦之，增益之，将以降大任于斯也，此容之所以为贺也。未知盛意，以为如何？"① 对于严诚试举失利，洪大容在信中并未表示安慰，反而勉励对方要专心于学问。金冠朝服、膏粱珍味、三牲之供、专城之养可以被视为出仕带来的荣华，但这些不可能成为长久持续的荣华，反而稍有不慎就会造成耻辱。所以湛轩认为江湖自然之喜悦或充满德行与信誉的所见所闻，享誉的名声都会成为比之更光荣的事情。对湛轩来讲，充满德行与信誉之事就是潜心于学问的态度，即钻研探索天人性命的学问之路就是享受荣华的最佳途径。

洪大容通过笔谈与书信往来等新形式与"古杭三才"进行的高水平交流，直接影响了朴趾源《热河日记》的撰写，为朝鲜朝中后期中韩两国知识分子的交流创造了新的契机。由此，洪大容的入燕活动成了北学派文人入燕活动的良好开端，其后柳琴从洪大容的入燕活动中得到鼓舞，入燕后为北学派与清代作家之间广泛的、多层次的文学交流打开了新局面。随后，李德懋、朴齐家、朴趾源、柳得恭等都追随前辈的足迹，以前人构筑的交流关系为线索，依次入燕展开了文

---

① 洪大容：《湛轩书》外集卷一《与铁桥书》，第174页。

学交流活动。如果说洪大容的入燕活动为后来的北学派的入燕活动开辟了道路,那么柳琴的入燕活动则为北学派全面地同清代作家建立文学交流关系做出了贡献。[①] 总而言之,洪大容自发的、积极的行为成就的朝鲜朝后期中韩知识界的交流,成为后来赴京的朝鲜朝知识分子纷纷效仿的形式,催生出内容丰富、形式多样的"燕行记"的问世,也开拓了朝鲜朝百姓的视野,掀起了文坛的新一轮赴燕热潮,为他人提供了接触西方现代文明的崭新视角。

第二节 "中间人"的角色

任何国家之间的文学交流都是双向的,虽然多少会有偏向于哪一方的特点,但纯粹意义上的单向交流是经不起时代考验的,归根结底都要为双向交流埋下伏笔。而在交流的过程中,"中间人"的身份是多重而复杂的,他们分别代表不同群体、不同类型的人物,为社会对异域文学的需求、传播、接受起着关键作用,并影响和改变自己周围的部分人群。

受华夷思想的驱使,朝鲜文化界历来推崇中国文化,将中国文化中儒家经典与各朝代丰富的文学遗产作为接受与效仿的对象,所以多数文人对中国的文化或文学并不陌生,反而千方百计借鉴中国各类诗学理论与文学体裁进行活跃创作,丰富了朝鲜文学宝库。与朝鲜各界热衷于中国文化、文学的接受与了解不同,可以说朝鲜文学很少被传入中国,中国文人更是对其知之甚微。但到了明清两代,随着两国使节团的频繁往来,部分散居在京城的中国文人通过跟随使节团到访的朝鲜文人,意外地了解到朝鲜文学的只言片语,进而个别地开始关注起朝鲜文学,并希望有机会搜集朝鲜诗歌进行广泛鉴赏。虽然这些文

---

① 金柄珉:《朝鲜中世纪北学派文学研究》,第 203~204 页。

人并非是中国国内知名的文人学者，也不一定代表当时京城多数文人的审美取向，但至少在小范围内反映了中国国内对朝鲜文学的关注与需求。而跟随使节团到访的官吏家属或友人，自然甘愿承担介绍并传播朝鲜文学的"中间人"角色，其中朝鲜朝中后期北学派的几位代表人物不失为其典型。

在朝鲜朝中后期使节团的成员中，有不少人是以使节家属或亲友的身份踏上燕行之路的。他们大部分为门中学识与修养较高的文人，或思想接近深得朋友认可的有识之士。洪大容就是以参与使节团的叔父的子弟军官的身份亲赴燕京的。洪大容出身于世代为官的封建士大夫家庭，平常所受的教育与影响都来自当时社会根深蒂固的封建思想，所以他身上应该说具有封建阶级的深厚烙印。他虽然多次表示自己未学诗、不好诗，却因为家庭背景和生活环境的影响在潜移默化中接受了不少诗学理论，而又因为从小就与善于诗作和工于诗律的官僚士大夫子弟为伴，对诗歌具有了不俗的理解和领悟。所以虽在创作上没能取得令人瞩目的成就，却在诗学理论上提出了令国人耳目一新的见解，即从民族文学的角度对诗歌做出了崭新的界定。他在与中国友人的交流以及之后的书信往来中，扮演了传递和宣传两国文化与文学的"中间人"角色。

在18世纪中期中朝文化交流史中，洪大容的"中间人"角色最为突出，也最能代表当时两国文人之间的坦诚交流。他与"古杭三才"的交流及归国后的书信往来，不仅体现了他们之间真挚、感人的友谊，也涵盖着多种文化交流的丰富内涵。他们之间交换的礼物包括书籍、字画、诗文，更有场面激烈的学术探讨，丰富了双方的见解，更为相互加深了解奠定了基础。最难能可贵的是，洪大容开启的"交流之门"影响了一批遵从他的北学派人士，为后来中朝两国文人的持续交流开辟了一条广阔道路。

一个民族的文学对另一个民族的文学产生影响，接受者一方必须具备两个条件：一是必须具有接受外来影响和思想输入的要求；二是必须具有与输入这一方相类似的思想潮流或发展倾向。[①] 中朝两国文学各自发展和壮大，相互交流和影响的过程正是验证了上述两个必备条件。尤其是洪大容所处的时代，针对阻碍社会发展的严重时弊，社会进步阶层自然要将视野放大、放宽，从过去或他国的经验中寻求改变现实的举措和方法。而此时清朝繁荣的文明景象和百姓安康的生活正好引起了他们的关注，也迎合了他们思想上的需求。其中最为关键的是深深扎根于两国思想脉搏中的传统儒学信奉的"中华主义"的共同思想根基，使朝鲜的有识之士纷纷将目光转向仍然延续着中华文明的清朝，为两国文学和文化的进一步深入交流提供了广阔的社会舞台。

洪大容虽为朝鲜人，从小又生活在封建官僚家庭，但他能够脱离自己所属的阶级环境，站在客观、公正的立场上冷静地审视朝鲜社会现实，并能够针对时弊提出具有鲜明民族特色的文学见解，真实地反映朝鲜各阶层人物的生活和创作，实在是难能可贵。但也正因其不平凡的家庭背景和家庭给予的良好的教育环境，才使其真正具备了充当"中间人"的资质与素养。

（一）中国文学的批评与接受

基于人类共同的情感与生活规律，虽然文学的交流多数体现为双向交流，但在朝鲜朝中后期以洪大容为首的北学派文人的诗学理论著作及各种体裁文学作品中更多地体现了单方面对中国文艺理论的接受与评论，或该理论在作品中的合理阐释，几乎找不到朝鲜文学对中国文学的影响。

洪大容通过与清代友人的交流，共同探讨中国古代文献和思想的

---

① 李平：《西方人眼中的东方文学艺术》，第49页。

同时，间接地向他们介绍了他本人以及朝鲜各界对中国文学的批评与接受状况。他在给孙蓉洲的信中很坦诚地表白说：自己自燕京回国数年后，在四十不惑之年渐渐开始学诗的生活。尤其他提到自己不以唐诗为代表的绝句、律诗为教材，反而使用《文选》是一个较有趣的现象。因为当时的朝鲜都是以唐诗作为汉诗文学的教科书，杜甫诗自是科举典范，而朝鲜王朝也倾尽所能谚解并重刊了杜甫几乎全部的诗。比起同一时代的李白、白居易，更多地读解杜甫诗的原因想必也是科举考试制度使然。洪大容长期生活在汉诗文化的土壤里，他私设的天文台的名字——"龙水阁"亦出自杜甫诗句，所以从中可以推测他对杜甫绝不反感。但是，比起以杜甫诗为代表的新体诗，实际上洪大容更倾向于古诗或赋。该倾向从其仅遗留下来的几篇诗作都是不受字数、句数的限制，随意写成而略见一斑。拿梁代昭明太子萧统所编的《文选》学诗，想必也是他的这种文学爱好所致。正是书中蕴含的沉思、翰藻之内容与形式的作品迎合了湛轩的文学取向。从此，好古诗体的文学观从湛轩等人一直延续到了19世纪的丁若镛等。

《乾净衕笔谈》中有一段关于《感旧集》的论述。该书是清初王士禛（王渔洋）在其晚年将明末清初已故诗人所做的不同类型诗作编辑成册的文集，共有八卷。其中就有朝鲜朝的金尚宪朝天时途经登莱与那里的人唱酬的律绝数十首。洪大容在与"古杭三才"的会面中从潘庭筠处得到了这一礼物。正如潘庭筠自己所言："顷赐《感旧集》，扬州有之不多印，携至归处翻刻广传，则诗人之幸。其中诗话有可观，亦可知中国诗人之源流"，[①] 他赠书的目的就是希望洪大容将其重刊，为更多的朝鲜人了解中国诗文提供可借鉴的资料。而正是潘庭筠顾大局地主动传播中国文学的善意举动，通过"中间人"洪

---

① 洪大容：《湛轩书》外集卷二《乾净衕笔谈》，第224页。

第五章　洪大容文学与中国文学的双向反馈

大容有了现实的回报。为数不少的朝鲜人通过《感旧集》认识了中国明清之际的诗人与诗作，也了解了金尚宪在中国人心目中的不可忽视的地位。①王士祯作为清初著名的文论家、诗人，他的"神韵说"和诗歌作品对洪大容及北学派作家的诗歌创作产生了极大的影响。洪大容更是向清代文人评价王士祯说："诗品名望为国朝第一。"王士祯的影响，当然与"古杭三才"的积极介绍及洪大容的热心传播不无关系。当时在朝鲜与清代文坛上传播的作品，得到了不同形式、多渠道的活跃刊行，并在读者中激起了广泛的阅读热潮，从而扩大了相互之间的影响。洪大容还通过对孙蓉洲诗作的评价，即"盖诗贵冲远，宁拙无巧。又必本之以温厚文心，如寄来亭卢诸作是也，心服口服"，②"八咏诗，葩而有法，高雅绝伦。弊庐（壁炉?）得此，辉光日新"，③间接地展示了当时清朝普通文人的文学水平与成就，并毫不掩饰地表示出由衷的敬佩。而这些又为朝鲜人了解诗歌在清朝百姓生活中的普及现象提供了现实依据。

洪大容通过与中国友人的笔谈和交流，不仅在中国介绍和传播了朝鲜文献和文化，也以同样的方式向朝鲜间接地介绍了中国书籍和文化。首先，洪大容借严诚之口介绍了当时的江南才子吴西林的成就。内容为：在吴先生80卷的巨著《吹豳录》中，自始至终论述了乐律，而40卷的《说文理董》尚未定稿。同时说道："其诗宗汉魏盛唐，特法律过于严谨耳。故如近人诗，在先生观之。合作而无一可议者绝少"，④介绍了吴西林诗作的特点与风格，并对吴西林如何看待

---

① 洪大容：《湛轩书》外集卷二《乾净衕笔谈》，第213页。
"潘生闻平仲之姓，问曰：君知贵国金尚宪乎? 余曰：金是我国阁老，而能诗能文，又有道，学节义，尊辈居八千里外，何由知之耶? 严生曰：有诗句选入中国诗集，故知之。"
② 洪大容：《湛轩书》外集卷一《与孙蓉洲书》，第204页。
③ 洪大容：《湛轩书》外集卷一《与孙蓉洲书》，第197页。
④ 洪大容：《湛轩书》外集卷二《乾净衕笔谈》，第226页。

当代诗作做出了简要的评价。

洪大容从自己对诗歌的认识出发，对"古杭三才"寄来的八景诗毫不犹豫地做出了以下积极评价："八咏诗咀之嚼之，其味津津，信乎有德者之言也。就中灵禽一诗，尤见其卓然峻拔，无世儒之拘禁之气，直令人有凌万顷超八垠之意。诵其诗可以知其人矣。"① 洪大容在此将诗歌与作者的人物性格联系起来，高度评价了诗歌体现的自然、奔放之风格，印证了诗歌作为抒发诗人情感的媒介体现诗人个人风格之特点。

洪大容不仅对自己亲眼看到的中国文献与诗作给予了积极的评价，还热切地渴望看到中国人撰写的更多的书籍与诗文。为此，他在燕京时不仅时常光顾书店，还利用一切与友人书信交流的机会，表达了自己的心愿。如果说他给严果（严诚的哥哥，号"九峰"）的信中说到的"……且烦铁桥诗文，或已刊布，幸以数本见惠。顷闻铁桥，以京邸笔谈有札记成书，勿拣紧歇，望眷惠一本"② 之内容，是出于以拥有故友的遗作缅怀死去的故友之情，那么在给潘庭筠的信里写到的"阮亭偶谈，闻来惊喜。但其辨书，无由一见，或以小纸誊示否？此事于小邦，关系甚重，望诸公如有著书，不惜一言，永赐昭雪。当与数千里民生，共颂恩于无穷矣"，③ 则真切地表达了他欲看到王士祯文集，了解其思想的热切愿望。此外，他还写信向潘庭筠道出了渴望拥有中国古籍，并一睹为快之迫切心情。"东方贡使相望，中国书籍，颇有流传。惟《黄勉斋集》只有四五卷小本，闻有全集。中有论礼书多可观，每年购诸京市，终未得之。其他如《邵子全书》及《天文类函》两书，平生愿见。而谅其卷帙不

---

① 洪大容：《湛轩书》外集卷二《乾净衕笔谈》，第254页。
② 洪大容：《湛轩书》外集卷一《与九峰书》，第190页。
③ 洪大容：《湛轩书》外集卷一《与秋串书》，第192页。

第五章 洪大容文学与中国文学的双向反馈

少,设或有见在者,何可远寄耶",① 指出每年虽有使节往返于中国与朝鲜,但始终没有找到他一直以来渴望看到的《黄勉斋集》。还说,《邵子全书》与《天文类函》是他一生中渴望读到的书籍,并请求潘庭筠给他购得一本《天学初函》。② 从此可以看到,他对中国文献与书籍是非常了解的,也是非常渴望阅读的。虽然他在有生之年并没有读全这些书籍,但至少没有放弃对中国文学与中国书籍的渴求。正是这些书籍的影响与引导,促成了他一生的丰富思想与深厚的文化内涵,也成就了足以引导朝鲜中后期社会发展变革的理论思考。

(二) 对朝鲜文学的介绍与传播

随着明清两代朝鲜使节团的频繁出入及跟随使节团到访的朝鲜文人与中国文人墨客的私下交流增多,部分中国文人开始对朝鲜文学产生好奇,进而有了欲目睹朝鲜文学作品的需求。为迎合文人的该文化取向,洪大容等北学派文人主动承担了"中间人"的角色,为面向中国介绍朝鲜社会、介绍朝鲜的文化、文学、历史立下了不朽的功勋。特别是洪大容,不仅将原有的诗文卷册邮寄给中国友人,还不辞辛劳地重新搜集和整理诸多诗作编辑成册寄予友人,更将有关推广和传播朝鲜文化之事作为己任,不遗余力地奔波、操劳。这些都为中国人广泛地了解朝鲜和朝鲜文化,一睹朝鲜文学提供了宝贵的第一手资料,拓宽了两国民间交流的渠道。

洪大容在与潘庭筠的信中以"海上陋生,忝与足下证交。因以

---

① 洪大容:《湛轩书》外集卷一《与秋串书》,第183页。
② 《天学初函》为中国第一部西方丛书,由明末李之藻辑,刊于崇祯元年(1628)。天学即天主教。《天学初函》收书20种,分理篇、器篇,各10种,大多为明末入华耶稣会士编著。

- 159 -

本邦名迹，藉显于中土，岂不万幸……"① 表示如能为朝鲜文学在中国的传播做出贡献，将是一件非常荣幸之事。同时他也指出欲将朝鲜的诗作集成一本不可仓促了事，必须以数十年的功夫先立条例、随文采辑、考核弗差，随后才能传信于世。他还说："至传天下寿万世，则惟在足下。若其俱收并蓄，捃抚事实，则亦不能不责之于容矣。然则容而不能崇德克己，廓然大公，则言不足以见信于足下；足下而不能明善知言，明德著闻，则书不足以见信于世矣……"体现了对朝鲜文学的传播具有的不可推卸的责任与义务，对前人诗作的客观公正的态度，对学问一丝不苟的作风，以及为朝鲜文学在中国的传播所做的积极准备。

他应潘庭筠的请求，回国后搜集并选取了部分朝鲜文人的诗作，借亲戚和友人之手不分昼夜地将其抄录下来，最终结集为一部四册的《海东诗选》邮寄给对方。该诗选是洪大容主持，其父亲的朋友闵顺元参与编撰的。其编辑过程记录在《海东诗选跋》与洪大容写给潘庭筠的信中。在给潘庭筠的信中，他不仅以"东方文献，自来疏略。万历间，七年倭乱，典籍尽亡，崔彦明文选已无传。本国初，郑麟趾有所选几百本，不惟大秩不可致远。取舍杂乱，不堪夸示大方"，② 简略地介绍了前人所编文献的流失和传播情况，还对当时正在传阅的《史略》的读者群、编集、来源进行了说明，即"史略是此中初学所授，而乃曾先之所撰，非东方编定者"。之后他附言道："东方尊尚儒教，诵法诗礼，彬彬名物，见许中华。唯其忠孝义烈嘉言善行，无由传播于中土。今足下幸有阐扬侧陋之意，此东方破荒发迹之大机会也。敢不极力搜剔，以备裁察耶"，表示因朝鲜的许多佳话没有机会传入中国而感到惋惜，这次既然有了机会自己当然要义不容辞地承担

---

① 洪大容：《湛轩书》外集卷一《附 铁桥临终前一日寄诗》，第188页。
② 洪大容：《湛轩书》外集卷一《与秋串书》，第183页。

第五章　洪大容文学与中国文学的双向反馈

搜集和筛选工作,将为朝鲜诗文在中国的传播竭尽全力。只可惜《海东诗选》并未传世,其中的详细内容无从知晓,仅从一些零散的资料中可以推断它可能收录了从三国到李朝时期的诗人及其作品,并附有小传。

在《海东诗选跋》中洪大容指出,自从在燕京偶遇潘庭筠后,应其请求原本欲将朝鲜诗选寄出,只因这些或整理不全,或遗漏近年著名诗人之作,遂索性拟广泛搜集作品后重编一册。但他又说因自己不娴于诗律,缺乏作诗的体验与欣赏之质,只好在父亲之友闵顺元的帮助下来完成该愿望。之后,闵先生得知洪大容向潘庭筠所做的承诺兴奋不已,讲道:"诗固非东国所长,而自前华人或有采者,是不鄙夷我也。但为疆域所拘,典籍不相通,其所采者在东国未必为精选。而乃谓东国之诗如斯而止,则东人之耻也",① 认为朝鲜诗作虽不及中国,但碍于疆界,两国的文献与文化交流并不畅通,导致中国所采集的作品其实未必是朝鲜经典,因此误导中国读者认为朝鲜的诗作不过如此,为此朝鲜人深感羞愧。以上可见,洪大容不仅自己以身作则努力传播朝鲜诗文,还借助周围可动用的亲友力量,组织或请求他人整理和抄袭历代诗稿,为诗文能够在中国广泛传播费尽了心思。他对闵顺元协助搜集并整理的这些诗文评价道:"安保其能无遗珠滥竽,而东诗之本末,则略具于是矣",② 很直白地肯定了这些诗文在文坛上的地位和价值。从他曾对潘庭筠所问:"其雅一书多近代人诗耶",回答为"古今皆入焉,如欲一览,后当寄上",③ 并主动提出将书中各作者的名称和官职详记其中一并附送。可以看到,他是一位为朝鲜诗文的对外宣传不遗余力的人,更是为朝鲜文化的在华传播费

---

① 洪大容:《湛轩书》内集卷三《海东诗选跋》,第117页。
② 洪大容:《湛轩书》内集卷三《海东诗选跋》,第118页。
③ 洪大容:《湛轩书》外集卷二《乾净衕笔谈》,第235~236页。

尽心思、身体力行的"中间人"。

在洪大容作为中韩两国文化的友好使者传递朝鲜文化的过程中,不仅注重朝鲜诗文的介绍,还不失时机地介绍朝鲜国内著名的文人学者,并广泛宣传他们的思想观点、学问观与学术成就,为与其接触的中国文人了解朝鲜文化开辟了一条沟通渠道。洪大容借将一部四本《圣学辑要》邮寄给严诚的机会,介绍了朝鲜的大学者李珥先生。即,"栗谷先生李珥,东方大儒也。论学伦理,俱多可观,有文集二十三本……其中《圣学辑要》一书,编集既简严不苟,附说又切实恳到,不惟为人君之龟鉴。韦布之学,亦不外是。兹以家藏旧本,仍便呈去,望力暗平心熟看,深体而力行之。且仍此转付剞劂,流布天下,岂非东方之荣且幸也!"① 他说,李珥先生作为朝鲜的大学者留下了很多有关学术和真理的著作,但因为著作过多无法全部邮寄,遂只检其中简单、严谨,并被公认为是君主与丈夫之鉴的《圣学辑要》一书寄出。接着他说,如将此书在中国重新出版普及于世,那将是朝鲜的幸运与荣耀。从中我们可以看到,他对朝鲜有成就的大学者怀有一种绝对的崇敬与信任,继而坚定地认为他们的著作在中国也具有出版、普及的价值。他的热心与说法,使我们再一次认证了其心中积蓄已久的平等心理,即朝鲜"大家"的成就绝不亚于中国名家。此外,从"外有《农严杂识》《三渊杂录》各一册,原欲奉寄铁桥,辄此附呈,并及前去《圣学辑要》四卷,望九丰收领,或为多闻之一助……"② 中可以了解到,他还给严九峰寄去了《农严杂识》和《三渊杂录》各一本。

洪大容作为有思想、有学问的朝鲜人,站在独立于中朝两国的客观角度,为传播中朝文学竭尽了全力。而这种"中间人"的身份没

---

① 洪大容:《湛轩书》外集卷一《与铁桥书》,第174页。
② 洪大容:《湛轩书》外集卷一《与严九峰书》,第190页。

有使他停留在单纯地介绍朝鲜文献和作品的层面上,而是对这些文献和作品的作者进行了正确的评价与介绍。例如,"东方之诗,新罗之崔孤云,高丽之李白云号为大家。而孤云,地步优于展拓,声调短于苍健。白云,造语偏喜新巧,韵趣终是浅薄,都不出偏邦圈套。本国以来如朴挹翠轩卢苏斋,俗称东方李杜。虽然挹翠韵格高爽而少沈浑之味,苏斋体裁乃劲而无脱洒之气,惟权石洲之炼达精确,深得乎少陵余韵,蔚然为中药之正宗。而高爽不及抱翠,乃劲不及苏斋,悠扬简澹之风,又不能不逊于国初诸人。此皆先辈定论"。[1] 他还以时代为划分基准,部分地介绍了朝鲜各时期代表诗人与诗风,如新罗时期的崔致远、高丽时期的李奎报、朝鲜朝时期的朴訚和卢守慎等。其中更为值得关注的是,他将这些人的风格进行比较,客观地指出了他们诗风的优缺点,并强调说明这些观点是早有定论的。由此可以断言,洪大容对朝鲜文坛和对诗歌的各种批评具有很深的了解,因此能够自信地指出《海东诗选》具备了东方之诗的真实面貌。

洪大容作为"中间人"超出了个人、国家、民族的范畴,站在客观公正的角度热心地对中朝两国文学的相互交流与沟通付出了心血。而其中不仅有诗文、诗论,还有思想、社会等意识形态方面的论著,为我们更加全面地了解两国社会和文化提供了有力的依据。在此意义上,他扮演的"中间人"角色不仅称职,还相当成功。

第三节 在中韩文学交流中的历史地位

随使团访问中国的洪大容、朴趾源、朴齐家、柳得恭、李德懋等朝鲜朝实学派文人通过对中国社会的亲眼观察以及与中国文人的直接

---

[1] 洪大容:《湛轩书》外集卷一《与秋串书》,第184页。

交往，对当时中国的政治、经济、文化等各方面的情况都获得了相当的认识，因而积极主张改革朝鲜时弊、促进社会变革的各方理论。他们通过著书立说广泛宣传了诸多针对现实矛盾与社会弊病提出的进步主张，还通过与中国友人的笔谈、尺牍交流，揭示了导致朝鲜社会腐朽、僵化的社会意识形态的根源，尖锐地批判了李朝士人普遍持有的"尊明攘夷"及"小中华"思想。最值得关注的是，他们经过燕京之行对中国的繁荣有了深入的认识，逐渐改变了传统的华夷观念，因此回国后主张学习当时中国的先进文化，力主"北学中国"，力求改革朝鲜朝的政治、经济、文化。他们作为朝鲜历史上著名而影响深远的北学派，首先通过文学交流介绍朝鲜的诗文作品及诗学理论，还为朝鲜文学在中国的传播身体力行、不遗余力。由此，朝鲜长期以来大部分只单向接受中国文学的传统文学影响、传播模式发生了质的变化，两国文学跨越疆界的隔阂，真正实现了疏通、交流与碰撞的互动。而洪大容针对不同社会阶层用朝汉两种文字撰写的《乙丙燕行录》与《燕记》就是其中的重要代表，体现了两国文人之间广泛的交流与沟通，彰显了在两国文学交流史上的特殊贡献。

　　洪大容深谙中国的语言文字，又通过一次燕行经历和与中国友人的笔谈、书信往来，以及与中国各阶层人士多方接触，对中国文化有着较深刻的理解。因此，他的著作较之先行的金昌业[①]等先辈对中国的描绘显得更为真切、翔实，是当时朝鲜人了解中国的权威性资料之一，是中朝文化交流历史中留下的极其重要的瑰宝。他的著作一方面对中国的经典文化古籍进行了译述和注解，另一方面又努力对中国文化做出总体性的描述，开展了对中国哲学思想和深层文化的探索，力求充当真实传递中朝两国文化的友好使者的角色。

　　世界上有许多的文化，但没有一种文化是塑造具有普遍性的人。

[①] 金昌业为《老稼斋燕行录》（1712）的作者。

人的文化存在必然是一种特殊存在,而这远远没有穷尽存在的内涵。就这一点而言,文化只是一种存在方式,它对世界的解释和规范也只是一个特殊的角度。而因本质上不存在对立,又决定了文化之间必然具有互补的特征。毫无疑问,人的文化认同无疑不是在一个真空中发生的,而是在一个具有异文化存在的空间下以一种"主—客体二元化秩序"的指向来进行的,但这种指向不是消解"他人"的主体性,而是建构自己的"主体性","他人"并不是"地狱"。而"主体"所对应的"客体"只是就以某个点为方向的指向而言,并不妨碍他人在自己的点上将自己确认为"主体"。洪大容对中国社会乃至文化的认同就是遵循了该原则,所以在他文学中体现的文化认同是显而易见的,并没有失去对朝鲜固有的主体意识形态的否定,更没有舍去朝鲜文化与文学中的精华,只是在不迷失方向的基础上添加了诸多中国文学乃至文化中的合理要素,承担了接受中国经典文化的角色,更多地尝试了中国文学中的异样技巧。他文学中的问答体、书信体、虚实相间的笔谈等,都客观说明了他有别于前人的创作手法与技巧。

洪大容在燕行途中或与中国友人的书信交往中总是找准机会介绍和讲解朝鲜的历史、社会制度、人文风俗及百姓生活,但他更加关注和予以宣传的是朝鲜各方面的社会发展成就。当然其中包含了社会各界人士的思想意识、文人的诗文、天文地理、科技方面的成果。他不仅在与中国友人的交谈和笔谈中体现了这一意图,更是通过与他们的辩论和探讨提高了自身的各方面见识,使自己原本已开放和先进的思想意识得到了更多的改变和升华。他还通过回国后著书立说介绍清朝的社会文化现实,将其同朝鲜的状况进行比较后提出了诸多可借鉴的实用观点。而在此过程中,朝鲜人看到了中国文学,同时认识了洪大容的思想,在潜移默化中朝鲜民众得到了思想上的启发。所以,他在中朝文学交流中的历史地位和贡献是突出的,值得后人对此做出正确的评价。

　　他本着借文学的媒介传播文化、借书籍介绍思想的认识，向中国友人积极介绍朝鲜文学的同时，不忘介绍一些朝鲜较著名的思想家和理论家，为对方更好地了解和认识朝鲜思想界的流变和动向、朝鲜社会思潮的发展趋向提供了宝贵资料。所以，当有些前人的著作过于丰厚无法邮寄时，他就表示出了深深的惋惜。如，"栗谷先生李珥，字叔献，东方大儒，万历间人。享年不长，著述无多，只有全书二十余本。而卷帙犹钝，无计远寄。农严名昌协，字仲和。其弟三渊名昌翕，字子益，是金清阴尚宪之曾孙。经术文章，自有家传渊源。其杂识杂录，可见其梗概，俱有刊行文集十数卷，而亦无由寄去矣"。① 又如，针对潘庭筠有关朝鲜名人金尚宪的提问，洪大容回答道："金是我国阁老，而能诗能文，又有道，学节义……"② 而在之后的谈话中再次提及金尚宪时又说，"清阴（金尚宪的号）文章学术为东方大儒"，③ 分别从人格和才学两方面对他予以了肯定，更将他推举到整个朝鲜社会的大背景下，确立了他作为朝鲜"大学者"的不可动摇的地位。

　　他通过与"古杭三才"以及中国友人的笔谈和尺牍交流，不仅在中国介绍和传播了朝鲜书籍，还通过这种努力影响了一批中国友人，使他们放弃原有的思想观点，在思想上与洪大容达成了一致。例如，洪大应在《从兄湛轩先生遗事》一文中写道："杭州学者严诚，求东儒性理书。先生赠以《圣学辑要》，终使严诚弃其所崇陆王之学而归之正"，④ 指出因为洪大容向严诚提供朝鲜的著名思想力作《圣学辑要》，使严诚改变了原有的陆王思想，回归到朱

---

① 洪大容：《湛轩书》外集卷一《与严九峰书》，第199页。
② 洪大容：《湛轩书》外集卷二《乾净衕笔谈》，第213页。
③ 洪大容：《湛轩书》外集卷二《乾净衕笔谈》，第235页。
④ 洪大容：《湛轩书》附录《从兄湛轩先生遗事　洪大应》，第430页。

子正论上来。

洪大容没有只限于介绍朝鲜已有的文集和文学作品，而是亲自着手搜集和整理这些资料，同时用自己多年深厚的知识积累创作了《东国记略》，还编辑了《大东风谣》《朝鲜诗选》《海东诗选》等著作。其中《东国记略》是全面介绍朝鲜各方情况的具有百科全书性质的概论书。它对朝鲜的行政区域、各区域的称谓、周边的地理环境、朝鲜的建国史、各朝代以及其朝代之王、历代王朝的年历、朝鲜的地理状况（山川介绍）、各时期风俗（包括礼法、婚丧嫁娶等）、文化教育、学术和思想、文人和名作、社会制度、古迹、住宅制度、官制和官服都一一进行了介绍。还对朝鲜的科举制度进行了较详细的说明，就科举考试的程序、试题、书院等皆留下了综述。其中更为值得关注的是，它利用一定的篇幅专门介绍评论了朝鲜中世纪著名学者，如崔致远、郑梦周、李穑、李奎报等。所以，《东国记略》可以说是比较全面地向中国文人介绍朝鲜文化与文学的作品。

与洪大容通过朝鲜的文集改变和影响中国文人的角度不同，他还借向朝鲜介绍和传播中国文集和文化的方式改变了朝鲜有思想、有文化的有识之士的想法，使一大批受其影响的人士踏上了一睹中国的见习之路，也孕育了朝鲜朝后期诸多新思潮的诞生。他回国后分别用朝汉两种语言撰写了《乙丙燕行录》和《燕记》，详细地介绍了中国社会的各方面情况，尤其体现了从文明批判的角度对清朝上上下下各种场景和对象的细微观察。而其中用朝文写成的《乙丙燕行录》，让世人看到了日记风格的具有实学印迹的游记新文体。但令人遗憾的是，这些一直没有被世人关注，所以文学界和历史学界对此都没有给予足够的重视和研究，以致忽略了他创作中的改变旧文体的成就，更没有从纯文学的角度对它予以肯定。

洪大容对朝鲜的文字怀有发自内心的自豪感，认为朝文文字具有的科学性，使没有任何知识与学历的妇女、平民百姓皆可轻松掌握，还可以利用它写信和进行创作。这对文化的普及与发展绝对是有益处的，即"字不满二百而子母相切，万音备焉。妇人及庶民不识字者，并用谚字，直以土话为文。凡简札簿书契券，明辩或胜真文，虽欠典雅，其易晓而适用。未必不为人文之一助"。① 而恰恰是对本民族语言发自内心的欣赏和热爱，使他在撰写汉文版《燕记》的基础上坚持用朝文撰写了《乙丙燕行录》，扩大了读者群与接受层面，教化了众多封闭自守的平民百姓，使更多的朝鲜读者怀着轻松、愉快的心情阅读它，了解域外中国，同时增长了见识，开阔了视野。

以洪大容为首的北学派在中韩文学交流史上的贡献虽不及思想成就突出，但他们通过作为使行团的一员亲自考察中国的机会与中国文人进行的包括文学在内的文化交流，的确为两国文学的进一步互通与渗透提供了可能，为本不了解朝鲜文学的中国学者提供了认识朝鲜文学与文化的窗口，改变了部分过去对朝鲜文学的错误认识。他们之间持续近两个世纪的长期交流与切磋，分别为双方的文学宝库留下了一些值得后人认真研读的文集，丰富了各国文学的内涵，也为现今活跃的跨界研究提供了宝贵的文本资料。

---

① 洪大容：《湛轩书》外集卷一《与汶轩书》，第209页。

第六章 结论

　　以洪大容为首的北学派注重工商业的发展和技术改革,目的在于求得百姓生活的安定和社会的繁荣。他们主张不应该只抽象地谈论道德,而应开展具体的技术研究和方法探讨。洪大容、朴趾源、朴齐家、李德懋等北学派文人在文化比较成熟和发达的乾隆时期访问了燕京,当时清朝的社会同衰微的朝鲜形成了鲜明的对比,因而他们借此机会探讨了朝鲜的社会弊端,并向政府提出了改革弊政的合理建议,向社会发出了进行改革的号召。洪大容等北学派文人认为清人虽属夷狄,但他们进入中原已经百余年,一直继承和接受中华法度,传承着中华文明之精髓、接受西学、改革社会法制等,遂将国家建设得国泰民安、经济繁荣、社会秩序井然。事实上,清朝的确比当时的朝鲜先进得多,因此他们异常坚定地认为应该向清朝学习。他们强调,要学习清朝的实用技术与制造工艺,用它来发展朝鲜经济,使国家由衰败走向富强。

　　洪大容就是借《湛轩书》体现了个人的思想积淀与北学主张。《湛轩书》是洪大容撰写的著作,分为内集和外集,内集中收录着与朝鲜国内状况有关的作者的思想与观点,外集中收录着与作者燕京之行有关的资料。该著作从篇幅上看虽不甚庞大,但内容深奥、丰富,包含了天文、律历、数学、军事、政治等诸领域,彰显了洪大容作为实学家、科学家的名人风貌。因为书中涉及的内容表面看来偏重于作者思想与科学成果，所以人们对他的研究大多集中在哲学思想、科学观、社会观等社会意识形态领域，相反对他的诗学理论、文学内涵，以及为中朝两国文学所做的贡献是忽视的。因此，对他的文学创作成就与在文学体裁上的变革等贡献几乎无人问津，更没有给予客观、公正的评价。鉴于此，本书将洪大容遗留下来的寥寥无几的几部著作为第一手资料，力求从中挖掘、剖析他文学方面的成就。但是由于书稿的散佚和资料的局限，文中的多项观点难免停留在主观推断层面，有失偏颇。

本书从洪大容的思想体系、洪大容的诗学理论、洪大容文学的形象内涵、洪大容文学与中国文学的双向反馈四个方面论述了洪大容文学的整体面貌。在洪大容的生平里，文学并不是他最为关注的领域，所以也未给世人留下难以忘怀的名篇，但他提出了有别于其他文人名家的具有深厚思想内涵的诗学理论。在《大东风谣序》中将"歌"作为民族文学的形式，提出将"歌"与中国汉文诗歌放到同等地位的"民歌"（百姓的歌）推崇说。他的文学理论受到中国清代诗学理论家袁枚的文学思想影响，可概括为"依乎自然，发乎天机"，"贵冲远，必本之以温厚"。该诗歌本质说具有袁枚思想的烙印。但本书同时也指出，与袁枚关注"性情"不同，他更多地强调"情"，认为自然之"情"才是诗歌的本质。本书还分别从文体、风格等方面，考察了他的文学批评观点。认为借朝鲜文字创作的《乙丙燕行录》与用简洁易懂的语言创作的《会友录》，是他"反拟古，倡创新""破文饰，露真情"之文学观点的最佳体现。并对他的创作论从内容、动机、特点三方面进行了综述，认为他在创作中强调的内容与风格是"舍主情、求真实"，动机是"愉悦于人、兼顾教化"，而创作诗文的目的更多是出于闲情逸致。以上所有诗学理论，不仅让我们从文学作品之外的资料中窥见他的文学思想与创作理念，还为我们更好地找出他作品中的形象内涵提供了有效的理论依据。

第六章 结论

　　洪大容的思想体系较为复杂，但本书出于论述的便利与实用，只涉及对本书有所助益的哲学观、学问观、社会观三个方面，较为笼统地对其进行分析与介绍。洪大容一生的主要思想可以概括为：批判精神与经学的再理解；以天视物的科学精神；现实意识与域外春秋论。在洪大容的思想中，较为突出而敏感的哲学意识是他的"域外春秋论"，即"华夷观"。他始终脱离单纯地憧憬清朝文明的立场，通过将对清朝社会的深入剖析与反观自己国家现状的努力结合起来，力求寻找能够增强国力、唤醒民族意识的朝鲜社会赖以发展的现实基础。他通过从天视之世界各国皆平等，无内外、贵贱之分的平等思想，积极主张各民族的文化平等，尤其是针对当时盛行的北伐论大胆提出北学论，肯定了清朝的政治与文化的独立存在。由此，克服了源于儒教的具有华夷内涵的事大主义文化意识，立足于现实，反思本民族历史的同时，更为明确了唤起民族主体意识的强烈意图。而洪大容与包括"古杭三才"在内的清代文人的会面与交流，是出于拒绝将中国定性为异族文化，认定它是中华文化，才得以实现的。他们之间的交流更为洪大容原本已很丰富的思想世界注入了新鲜血液，使其得到充实的同时影响了他燕行之后的后期生活。

　　在论述洪大容个人成就时，应明确他对北学派的发展所起的举足轻重的作用。第一，他的哲学思想对北学派文学的发展起到了积极的引导作用。他的经世致用、利用厚生等实用哲学思想不仅影响了朴趾源、李德懋等周围友人的哲学思考，还使他们在小说创作中通过生动形象的人物与情节很好地再现了他的思想理念，丰富了文学内涵，拓宽了小说的主题，影响和教化了更多的读者。第二，他的入燕文学活动对北学派文学发展起到了积极的推动作用。他在赴京的朝鲜文人当中首次以笔谈形式独立完成文本，为使行文学提供了崭新的文学结构模式。他在日记体叙述中有目的地穿插一些书信，将笔谈与尺牍完美地结合在一起，既如实地再现了丰富的笔谈内容，交换了各自在笔谈中未尽的想法，又加深了文人之间交流的深度，增强了双方的真挚友谊。所以，他与中国文人的交流不仅在内容上体现了两国知识阶层的坦诚对话，也为朝鲜文学提供了"日记＋尺牍＝游记"的文学新体裁范本，为其后赴燕的文人借鉴、效仿提供了可能。洪大容对北学派文学的产生与发展起到决定性作用的同时，还在与北学派的文学同仁进行交流的过程中受到了年轻一代的影响。比如，通过与年轻诗人的交往，更加意识到文学创作的价值与意义，并逐渐步入诗歌创作生涯。[①] 他的诗歌成就虽不尽理想，但至少反映了他与北学派文人对文学的深刻探讨，也证明了身为北学派的领军人物拟通过文学创作尝试宣传北学主张的朝鲜进步文人的良知。

洪大容不仅在国家与民族问题上表现出空前的开明与睿智，还对婚姻等较个人化的问题提出独特的见解。例如，在与潘庭筠的谈话中，就妇人改嫁问题大胆提出"不必禁之，亦不必劝之，任之而已"[②] 的婚姻自由主张。这在当时，是一件足以引起轰动、招致众怒的大胆而新鲜的主张。但不管怎么说，作为从长期受封建文化禁锢的封建士大夫家庭走出来的文人，洪大容骨子里还是有很深的封建思想烙印的。例如，当潘庭筠与他说到贵国许筠[③]之妹景樊堂[④]以能诗入于中国诗选时，他回答曰："女红之余，傍通书史，服习女诫，行修闺范，是乃妇女事。若修饰文藻，以诗得名，终非正道。"其中，固

[①] 金柄珉：《朝鲜中世纪北学派文学研究》，第 31～33 页。
[②] 洪大容：《湛轩书》外集卷二《乾净衕笔谈》，第 237 页。
[③] 许筠（1569～1618），朝鲜朝中期的学者、文人、政治家。字端甫，号蛟山、惺叟。著作有《惺叟诗话》《鹤山樵谈》《惺所覆瓿》，小说作品有《洪吉童传》《蒋生传》《南宫先生传》等。
[④] 许兰雪轩（1563～1589），朝鲜朝中期的著名女诗人，原名楚姬，字景樊，号兰雪轩。从小以擅长诗文出名，但后来遭遇家庭的不幸。8 岁以一篇《广寒殿白玉楼上梁文》（광한전 백옥루 상량문）显露了突出的诗歌才能，代表作有《贫女吟》（빈녀음）、《哭子》（곡자）、《洞仙谣》（동선요）等。

然存在对在当时社会环境下因不满丈夫的作为而离婚的景樊堂的不满，另一方面也说明在他思想深处仍存有三从四德等封建糟粕的残留，更衬托出当时妇女如想走出家庭，有所作为是何等的不易。

在洪大容的思想内涵中不可忽视的还有他的"理想国家论"。洪大容在《林下经纶》中体现了治理国家与百姓的政治主张，其中的"理想国家论"更是他憧憬和向往的国家建设目标。他的有关理想国家的构思蓝图与柳馨元以来的政治思想别无二致，以维持和强化官僚封建体制为目标。① 但从洪大容一直以来主张的主气倾向考虑，因为任何时候主气都是以现实为主的，所以当面对现实的腐败与弊端时，自然要提出改革的要求。因此，他的哲学思想也无法脱离在王道政治的理念下改革社会的逻辑上的局限。

洪大容是一位兼具才气与学问的文人，精通天文、数学、音乐、律历诸法，还曾亲手制造浑天仪，秒合天象。他在有生之年结交了众多志同道合的挚友，其中朝鲜国内的以大文豪朴趾源、朝鲜后期"汉诗四家"较为典型，他又借燕行之机与中国的"古杭三才"、孙蓉洲、邓汶轩等相识，并成为天涯知己。这些人大都利用不同场合或机会，留下了对洪大容的各种评价。朴趾源曾评价他称："德保，通敏谦雅，识远解精，尤长于律历。所造浑仪诸器，湛思积虑，创出机智。始泰西人论地球而不言地转，德保曾论地一转为一日，其说法渺微玄奥。顾未及著书，然其晚岁，益自信地转无疑"，② 明确地指出洪大容一生中最为突出的贡献为"地转说"，间接地讴歌其注重实学、利用厚生的成就。但他又不无遗憾地指出："世之慕德保者，见其早自废举，绝意名利，闲居爇名香鼓琴瑟，谓将泊然自喜，玩心事外。而殊不识德保综理庶物，可使掌邦赋，使绝域，有统御奇略，独

---

① 〔韩〕千宽宇：《洪大容的实学思想》，韩国首尔大学人文学院，1958。
② 洪大容：《湛轩书》外集卷十《洪德保墓志铭》，第427页。

不喜赫赫耀人。故其莅数郡，谨簿书，先期会，不过使吏拱民驯而已"，① 认为洪大容的政治、外交、军事才能未被世人关注与认识，导致其才能只局限在治理几个小行政单位（郡）的层面上，尚未得到尽情的发挥与利用，令他倍感遗憾和惋惜。朴趾源还曾专门评价洪大容的知识体系认为：较之金石文等前辈不仅向前发展，而且迈出了一大步。并认为：从某种角度来讲他的知识体系比西方学者更具突出的创造性。而李德懋也曾借向洪大容征求燕行目与体验的机会，评价他不同于凡人的气度，即"想其襟怀，已是别人。余每逢入燕人问何好，必曰祖大寿牌楼甚壮丽。又问其次，必曰天主堂壁画，远见如真。余遂齿冷而止"，② 显示了他超出普通人的不同思想与气质，肯定了他的素养与才识。

除了朝鲜国内对洪大容的评价之外，中国友人严诚对他的评价可谓较为全面，总结了他的性情、爱好、为人与一生的轨迹。他讲道："洪君于中国之书，无所不读，精历律算卜战阵之法，顾性笃谨，喜谈理学，具儒者气象"，③ 介绍了洪大容博览群书、好学勤奋、严谨治学的学问态度，以及他精于律历、喜谈理学的学问倾向，夸他身怀儒家风范。严诚在《养虚堂记》中评价洪大容为："夫洪君，不作诗，又恶饮酒……然亦以贵胄，退隐田间，方讲明圣贤之道，终其身不乐仕进"，④ 介绍他不善饮酒与作诗的习惯，更指出他不求名禄、隐居田野、追求圣贤之道的气度。严诚在他的《日下题襟合集》第三篇中专门写了一篇"洪高士大容"一文，而该文在整部书中占据篇幅最长，是该书的核心部分。严诚记录如下："……于书无所不通，善鼓琴，彼国皆敬其人。此公独不作诗，而深于诗，非不能也，

---

① 洪大容：《湛轩书》外集卷十《洪德保墓志铭》，第 427 页。
② 李德懋：《青庄馆全书》卷六十三《天涯知己书》，第 7 页。
③ 洪大容：《湛轩书》外集卷二《乾净衕笔谈》，第 256 页。
④ 李德懋：《青庄馆全书》卷六十三《天涯知己书》，第 7 页。

其家法殆如此耳……善观天文，精骑涉及揲蓍。暇则焚香读书，鼓琴自娱而已。于书无所不观。与之议论，皆见原本。自恨生长异域，未见中华人物。得叔父奉使之便，自请随行。其志愿高远，具详所寄书中。"在此，严诚不仅再一次介绍洪大容以无所不通的才气与擅长鼓琴的特长在朝鲜国内受众人敬重，还指明他虽不善诗文，却并不是不会作诗，相反对诗有着深刻的理解。他简短地介绍洪大容博览群书、善观天文、好学成性、志向高远后，提及了洪大容因仰慕中华文明遂来京的真实、纯粹的动机。综观这些内容，可以证明严诚对湛轩的评价可谓全面、精辟，这些恰是对洪大容的真实写照。而中国另一位友人潘庭筠对洪大容的评价更加令人关注。他在文中描写道："洪君博闻强记，于书无所不窥。律历战阵之法濂洛关闽之宗旨，无不究心；自诗文以及技术，无所不能。与之处，执古醇听，有儒者风。此中国所未易观者，而不意得之于辰韩荒远之地也"，[①] 不仅重复了他人对洪大容博学多才、儒家之风范的正面评价，更将他视为寻遍中国都难觅得的俊杰，对这样的人物竟然能出现在异域朝鲜而深感意外，遂发出了感慨。

综观这些内容，皆从正面高度评价了洪大容勤奋好学、博览群书、志向高远的性情与人品，对他不求功名、追求实学的务实态度给予了充分的肯定。但正如他的自我评价："余之议论，平淡务实而不事浮躁矫激之习"，[②] 以及世子侍讲院的辅德李镇衡的评价："桂坊废科，大是难事，古人曾有妨工夺志之训。为学也者类多放荡，无拘检，桂坊之废科，想是专实向里之计也"，[③] 将世俗的功名利禄抛掷脑后，抱着关注现实、追求真理的信念潜心于现实问题的研究，才是洪大容将经世致用、利用厚生思想付诸实践的真实写照。也正因为他

[①] 洪大容：《湛轩书》外集卷十《湛轩记》，第431页。
[②] 洪大容：《湛轩书》外集卷三《乾净录后语》，第289页。
[③] 洪大容：《湛轩书》内集卷二《桂坊日记》，第90页。

的这些形象，才使他有了影响与感染后人的人格魅力，使认同他思想与观点的友人虔诚地追捧他，并继承和发扬他的各种思想与务实精神，显示出洪大容其人强大的感染力。

洪大容与中国友人的交流为后人追寻前者的足迹踏上中国之路，续写两国人民之间的友谊铺开了一条广阔的道路。在他之后，朴趾源、李德懋等北学文人纷纷踏上中国的土地，拜会曾与洪大容结交的诸多友人，而三河县的书生孙有义更是成为联系双方的中间人物，经常亲自传递信件与书籍，为延续两国文人之间超越国界与民族的旷世之交付出了无私的努力。但在洪大容的诸多成就中，占据最厚重分量的内容当数他对"华夷观"的批判。他从唯物主义自然观与文化意识出发，通过《医山问答》中的艺术形象批判了华夏文化中心主义与文化事大主义，进而倡导民族的觉醒与文化平等。该主张不仅在当时为北学派文学对传统文化全面进行反思提供了理论依据，还对东西方两大文化占据主导的现今世界文化格局具有现实的借鉴意义。

参考文献

蔡美花:《高丽文学美意识研究》,延边大学出版社,1994。

曹圭益:《朝鲜朝国文使行录的横向研究》,《韩国语文研究》,韩国语文教育研究会,2003。

陈蜀玉:《比较文学影响研究中辐射方式的个案分析——以中国文学对朝鲜文学的影响为例》,《西南民族大学学报》(人文社科版)2003年第11期。

〔韩〕池斗焕:《朝鲜时期思想史的再照明》,韩国历史文化社,1998。

〔韩〕崔雄:《朝鲜中期诗学研究》,《国文学研究32》,韩国首尔大学人文学院国文学研究会,1975。

〔韩〕崔信浩:《湛轩的儒学思想和文学观》,《韩国东国大学汉文学研究13》,1990。

葛荣晋主编《韩国实学思想史》,首都师范大学出版社,2002。

葛荣晋主编《中国实学思想史》,首都师范大学出版社,1994。

《海东诗选》,北大图书馆藏书。

韩国《震檀学报》第79期,洪大容研究特刊,韩国震檀学会,1995年6月。

韩国实学研究会:《韩中实学史研究》,韩国民音社,1998。

〔朝〕洪大容:《湛轩书》(上、下)(朝文版),朝鲜社会科学院出版社,1960。

〔朝〕洪大容:《湛轩书》(上、下)(汉文版),朝鲜社会科学院出版社,1965。

〔朝〕洪大容:《注解乙丙燕行录》,苏在英等译,韩国太学社,1997。

胡晓明:《中国诗学之精神》,江西人民出版社,2001。

姜春华:《对洪大容实学认识论的研究》,韩国高丽大学哲学博士学位论文,2000。

姜春华:《洪大容的实学的学问结构》,《延边大学学报》(社会科学版)1999年第1期。

姜东烨:《18世纪前后朝鲜文学作品中出现的文明意识》,韩国《渊民学志》1994年第2辑。

金柄珉:《朝鲜北学派对清代文学的批评与接受》,《延边大学学报》1991年第7期。

金柄珉:《朝鲜中世纪北学派文学研究》,延边大学出版社,1990。

金柄珉:《诗人朴齐家与清代文坛》,《社会科学战线》2002年第6期。

金柄珉:《影响、接受与互补:19世纪中朝文人的文学交往》,《延边大学学报》1994年第2期。

金柄珉:《论洪大容的哲学思想和文化意识——以〈医山问答〉为中心》,《东疆学刊》2011年第1期。

金柄珉:《试论朝鲜中世纪北学派的文学观念》,《延边大学学报》(社会科学版),1990年第10期。

金柄珉、金宽雄:《朝鲜文学的发展与中国文学》,延边大学出版社,1994。

〔韩〕金东旭：《18世纪韩中知识交流研究——以洪大容的〈杭传尺牍〉、〈乾净衕笔谈〉为主》，《泮桥语文研究》第26辑，泮桥语文学会，2009。

〔韩〕金都焕：《洪大容的学问观和认识论》，《韩国学论集》第34辑，2000。

〔韩〕金惠婉：《从"医山问答"看洪大容的新学问观》，《韩国成均馆大学研究生院论集》，1987。

〔韩〕金仁圭：《从"医山问答"看洪大容的世界观》，《韩国东洋古典研究》第11辑，1998。

〔韩〕金仁圭：《洪大容理解人类的两种类型》，《韩国东洋古典研究》第9辑，1997。

〔韩〕金泰俊：《韩国文学的东亚细亚视角》，韩国集文堂，1999。

〔韩〕金泰俊：《洪大容和其时代》，韩国一志社，1982。

〔韩〕金泰俊：《洪大容评传》，韩国民音社，1987。

〔韩〕金贤渼：《18世纪燕行录的展开与特点研究》，韩国梨花女子大学博士学位论文，2003。

〔韩〕金宙翰：《洪大容的文学批评》，《韩国文学和儒教文化》，韩国亚细亚文化社，1991。

乐黛云：《比较文学与比较文化十讲》，复旦大学出版社，2004。

乐黛云、张辉：《文化传递与文学形象》，北京大学出版社，1999。

李平：《西方人眼中的东方文学艺术》，上海教育出版社，2004。

李岩：《朝鲜李朝实学派文学观念研究》，北京大学出版社，1994。

李达三、罗钢主编《中外比较文学的里程碑》，人民文学出版社，1997。

〔韩〕李德懋：《青庄馆全书》，韩国民族文化促进会、民文库，1967。

〔韩〕李庚秀：《汉诗四家接受清代诗研究》，韩国首尔大学文学博士学位论文，1992。

〔韩〕李庚秀：《汉诗四家的清代诗受容研究》，韩国太学社，1995。

〔韩〕李基衡：《洪大容的经学观和诗学》，《韩国汉文学研究》1976年第1期。

〔韩〕李寅圭：《对洪大容的天文思想研究》，韩国首尔大学教育学硕士学位论文，1977。

〔韩〕李裕林：《湛轩洪大容的文学思想研究》，韩国诚心女子大学国语国文硕士学位论文，1995。

梁启超：《清代学术概论》，天津古籍出版社，2003。

〔韩〕林基中：《体现在燕行录中的对清意识和对朝鲜意识》，韩国《渊民学志》第1辑，1993。

刘静：《从〈燕行录〉看18世纪中国北方市集——兼论中朝文化交流与文化差异》，《北京社会科学》2006年第3期。

〔韩〕刘奉学：《18～19世纪燕岩派北学思想的研究》，韩国首尔大学历史学博士学位论文，1992。

〔韩〕刘基龙：《湛轩洪大容的思想和文学观》，《韩国语文学》第35期，韩国语文学会，1976。

孟华：《比较文学形象学》，北京大学出版社，2001。

〔韩〕朴粲祺等编《接受美学》，韩国高丽院，1992。

朴恩静：《朝清知识分子的相见与"知己"的表象——〈乾净衕笔谈〉》，《东方学》第18辑，2010。

〔韩〕朴美英：《〈大东风谣序〉体现的洪大容的诗歌理论和意义》，韩国《真理论坛》，2001。

〔韩〕朴齐家：《真蕤文集》，韩国国史编撰委员会，1961。

〔韩〕朴香兰：《燕行录所载笔谈研究——以洪大容、朴趾源等为主》，韩国宝库社，2013。

〔韩〕朴香兰：《通过文学结构看〈乾净衕笔谈〉的意义》，《东方汉文学》第40辑，2009。

朴真奭、姜孟山主编《朝鲜中世纪史研究》，延边大学出版社，1988。

〔韩〕朴宗采：《过庭录》，韩国《文学思想》，1974。

祈庆富：《中韩文化交流的历史见证》，《浙江大学学报》2001年第31卷第1期。

祈庆富、权纯姬：《"日下题襟合集"概说》，《第三届韩国传统文化国际学术讨论会文集》，山东大学出版社，1999。

祈庆富、权纯姬：《朝鲜"北学"先驱洪大容与中国友人的学谊》，《清史论集》。

权纯姬：《中韩文化交流的友好使者洪大容》，《亚洲民族造形学报》第3辑，2002。

千宽宇：《洪大容的实学思想》，韩国首尔大学人文学院，1958。

《日下题襟合集》，北京大学藏书。

〔韩〕申东贤：《洪大容和本居宜长歌论的民族文学观比较研究》，韩国首尔大学文学硕士学位论文，1994。

慎庸廈：《湛轩洪大容的社会身份观和身份制度改革思想》，《韩国文化》第12辑，1991。

司马云杰：《文化价值论》，人民出版社，1988。

司马云杰：《文化人类学》，山东人民出版社，1998。

陈惇、孙景尧、谢天振主编《比较文学》，高等教育出版社，1997。

《铁桥全集》，韩国国史编纂委员会资料室。

王英志：《清人诗论研究》，江苏古籍出版社，1986。

徐东日：《李德懋文学研究》，黑龙江朝鲜民族出版社，2003。

徐东日：《朝鲜朝使臣眼中的中国形象》，中华书局，2010。

〔韩〕许南进：《朝鲜后期气哲学研究》，韩国首尔大学哲学博士学位论文，1994。

〔韩〕尹昌淑：《湛轩洪大容的教育思想研究》，韩国梨花女子大学教育学硕士学位论文，1980。

张健：《清代诗学研究》，北京大学出版社，1999。

〔韩〕赵东一：《韩国文学思想史试论》，韩国知识产业社，2002。

〔韩〕赵东一：《韩国文学通史》，韩国知识产业社，1994。

郑慧中：《明清中国与朝鲜史行的理性交流》，《东洋史学研究》第111辑，2010。

〔韩〕郑良婉：《朝鲜王朝后期汉诗研究》，韩国诚信女子大学出版社，1983。

〔韩〕郑玉子：《朝鲜后期文化思想史》，韩国首尔大学出版社，1990。

韩国忠南大学儒学研究所：《几湖学派的哲学思想》，韩国艺文书苑，1995。

周英雄：《比较文学与小说诠释》，北京大学出版社，1997。

图书在版编目（CIP）数据

洪大容文学与中国之关联研究/韩卫星著. —北京：社会科学文献出版社，2014.6
（韩国研究文库）
ISBN 978 - 7 - 5097 - 6062 - 8

Ⅰ.①洪… Ⅱ.①韩… Ⅲ.①洪大容（1731 ~ 1783）- 人物研究 Ⅳ.①K833.125.6

中国版本图书馆 CIP 数据核字（2014）第 101887 号

・韩国研究文库・
洪大容文学与中国之关联研究

著　者 / 韩卫星

出 版 人 / 谢寿光
出 版 者 / 社会科学文献出版社
地　　址 / 北京市西城区北三环中路甲 29 号院 3 号楼华龙大厦
邮政编码 / 100029

责任部门 / 全球与地区问题出版中心　　责任编辑 / 高明秀　于静静
　　　　　（010）59367004　　　　　　责任校对 / 李文明
电子信箱 / bianyibu@ ssap. cn　　　　　 责任印制 / 岳　阳
项目统筹 / 高明秀
经　　销 / 社会科学文献出版社市场营销中心（010）59367081　59367089
读者服务 / 读者服务中心（010）59367028

印　　装 / 三河市尚艺印装有限公司
开　　本 / 787mm×1092mm　1/16　　印　张 / 12
版　　次 / 2014 年 6 月第 1 版　　　　 字　数 / 160 千字
印　　次 / 2014 年 6 月第 1 次印刷
书　　号 / ISBN 978 - 7 - 5097 - 6062 - 8
定　　价 / 59.00 元

本书如有破损、缺页、装订错误，请与本社读者服务中心联系更换
▲ 版权所有　翻印必究